:: 음양오행 사주 비결서 ::

지천명리

〈행운법〉

저자 덕연

도서출판 지천명

:: 음양오행 사주 비결서 ::

지천명리

〈행운법〉

음양오행 사주 비결서

지천명리 〈행운법〉

책을 열며

　　지천명리는 하늘과 땅의 이치를 헤아려 인간의 삶(人事)을 슬기롭게 살아보자는 취지에서 쓴 책입니다. 학술적으로는 명리학 서적에 해당하지만 저는 지천명리가 여러분의 삶에 현명한 지혜를 얻을 수 있는 책이 되었으면 하는 바람에서 출발했습니다. 『지천명리〈격과 그릇편〉』이후 다음 편이 나오기까지 1년여의 세월이 걸렸습니다. 많은 분께서 『지천명리〈행운법〉』을 기다리셨지만, 필자의 사정으로 출간이 늦어진 점 죄송하게 생각하고 있습니다. 많은 분의 기다림과 성원은 늘 제 마음속에 짐이 되었지만, 하늘은 저에게 자숙하고 기다리라고 하였기에 그럴 수밖에 없었음에 양해와 이해를 부탁합니다.

　　이 책은 대운과 세운에 관한 내용을 저술한 책입니다. 기존의 텍스트에서 볼 수 없는 새로운 패러다임을 제시한 논리이므로 기존의 관념 — 육친 중심의 사주풀이 — 의 기초를 가지고 『지천명리〈행운법〉』을 이해하기엔 다소 무리가 있다고 생각됩니다. 『지천명리〈입문편〉』, 『지천명리〈격과 그릇편〉』을 보지 않고 〈행운법〉만을 알기 위해서 이 책을 처음 보시는 독자분이라면 앞부분을 먼저 열심히 읽으시고 그다음 〈행운법〉을 읽으시라고 권해 드리고 싶습니다. 새로운 패러다임은 새로운 기본과 기초의 틀 속에서 생겨납니다. 그러므로 기본부터 튼튼히 해야 운(運)보는 법에 대해서 완전히 터득할 수 있으리라 생각합니다.

이 책은 크게 대운 보는 법과 세운 보는 법으로 나누어져 있습니다. 가장 큰 핵심은 음양오행으로 사주를 해석하고 그에 맞추어 운세를 보는 법을 설명하였으며, 『지천명리〈격과 그릇편〉』에서 설명한 음양오행의 쓰임이나 육십갑자의 쓰임새를 더욱 자세히 설명하려 하였습니다. 또한, 운의 해석은 육친적 해석이 아닌 음양오행적 해석이 더욱 중요하며, 그 유효함에 관해서도 설명하였고 그것에 육친을 더하여 최종적으로 운을 어떻게 통변해야 하는 것인지에 대한 방법을 제시하였습니다. 음양오행의 변화요소를 이해하지 못한 상태에서는 도저히 이해할 수 없는 부분이기 때문에 먼저 출간된 책을 꼭 읽어야 저자가 설명하는 이치를 이해하기 쉽기 때문입니다. 비교적 페이지 수가 많지는 않지만, 독자 여러분들께서 스스로 생각하는 힘을 기르기 위한 단초(端初)를 제 나름대로 많이 제공하였다 생각합니다. 그러니 여러 번에 걸쳐 반복 학습을 하시는 것이 중요하다고 생각합니다. 왜냐하면, 음양오행은 시간과 공간이 어우러져 만들어낸 만물의 향연이기 때문에 매우 입체적이고 형이상학적이며 다차원적인 면을 갖게 되어 반복적 이해가 필요하기 때문입니다.

명리학 공부를 잘하기 위해서는 글자만 공부하는 것이 아니라 세상을 관찰하려는 마음이 있어야 합니다. 또한, 자신의 주관적인 관점이 아닌 중용적인 자세에서 이런저런 여러 가지 사람의 심리와 그것으로 파생되는 인생의 문제를 객관적으로 바라볼 때 명리학의 이치는 더욱 넓고 깊은 단계로 접어들게 될 것입니다. 이는 명리학만 공부해서는 넓고 깊은 이치를 헤아리기 어렵다는 뜻이기도 합니다. 그러므로 여러 가지 학문을 두루 섭렵하여야 넓은 시야와 깊은 원리도 갖게 되며 반대로 다른 학문을 통해서 명리학의 이치를 더욱 깊이 헤아리게 되는 역(逆) 깨우침의 현상이 일어나기도 합니다. 물론 그것은 명리학의 기본 지식을 갖추어야 가능한 일이기도 합니다. 반대로 그동안 인생 공부를 많이 하신 분이라면 명리학 공부만 하여도 그동안 나에게 벌어졌던 인생사가 파노라마처럼 짜 맞춰지면서 큰 깨우침을 얻을 수도 있습니다. 그러므로 이 모든 공부는 여러분에게 달렸습니다. 필자는 실마리만 제공할 뿐이라 생각합니다. 좋은 자료를 제공하기 위해 많은 고뇌와 나름의 노력을 하였습니다. 글을 읽다 부족한 점이 있다 할지라도 넓은 양해 부탁드리고 여러분 마음의 양식과 지혜의 밑거름으로 잘 사용하셨으면 하는 바람입니다.

　이 책이 나오기까지 성원해주신 독자 여러분, 다음카페 회원님들, 지천명리학회 최 회장님 그리고 적극적으로 교정봐주신 정화 선생님, 과천지기 선생님, 안민정 선생님께 진심으로 감사드리고 함께 도와준 보름, 선우에게 고맙고 지금 투병 중인 집사람의 쾌유를 빌며 『지천명리 〈행운법〉』을 세상에 펴냅니다.

제 **1** 장

행운의
개념과 정의

1. 행운(行運)의 이해

행운이란 '다닐 행(行)', '운전할 운(運)' 자를 써서 행운이라 하며 흔히 운(運)이라 표현한다. 일반적으로 행운은 '幸運'을 말하는 것이지만 여기에서 설명하는 행운은 '行運'을 말하는 것으로 운명이 걸어가며 맞이하게 되는 환경을 말한다. 그러므로 행운은 뜻하지 않은 반가운 일을 말하는 것이 아니라 살아가면서 만나게 되는 길흉화복(吉凶禍福)의 이야기를 만들어내는 흐름이나 사건 등이라고 할 수 있다.

행운은 대운(大運)과 세운(歲運) 그리고 월운(月運), 일진(日辰), 시운(時運) 등이 있다. 대운의 환경은 사람마다 다르지만, 그 외 세운과 월운, 일진, 시운은 모두 같은 변수를 가지고 사주팔자에 적용하여 길흉화복을 판단한다. 그래서 그 사람에게 어떤 변화와 변수가 일어날지를 생각하여 어떤 결론에 이를지를 보는 것이 행운을 보는 목적이다. 행운은 아주 큰 거시적 환경에서 좀 더 세부적인 미시적 환경까지 판단할 수 있다. 이러한 행운은 사주팔자라는 사주 원국 여덟 자의 변화를 일으키는 주체이다. 그래서 사주 원국에 드러나 있지 않은 변수는 일어날 수 없다. 그러므로 행운은 명리 해석의 객체이지 주체가 될 수 없다. 운의 해석을 잘하기 위해서는 우선 사주 원국의 해석이 뒷받침되어야만 올바르게 명(命)을 해석해 나갈 수 있다. 운은 사주 원국에 들어 있는 변수를 현실화시키거나 반대로 현실에서 멀어지게 만드는 것일 뿐이다. 만약 사주 원국에 어떤 변화를 줄 만한 근거가 없다면 운이 온다 하더라도 어떠한 영향도 주지 못할 것이다.

이러한 이론은 인간은 대우주와 대자연의 피조물이라는 명제에 근거한다. 그러므로 인간은 우주와 자연의 변화에 영향받을 수밖에 없다. 봄이 오면 木氣가 동(動)하여 나들이를 가고 싶어지고 새로운 희망을 품게 되는 것도 자연의 현상에 영향받는 것이고, 밤에 잠을 자고 아침에 일어나 활동을 하는 것도 인간이 자연의 순리를 따르는 것이라 할 수 있다. 그런데도 인간은 자신의 의지와 신념대로 살아가고 있다고 생각하며 인간 중심적인 생각을 하고 판단하여 사주해석의 본질을 정확하게 보지 못하고 있다. 여기서 대자연의 변화는 사주 해석상 자신에게 돌아오는 운을 말하는 것이다. 그리고 대자연의 변화는 모든 사람에게 똑같이 적용되지만 타고난 사주팔자에 따라 변화의 결과는 제각각 다르게 나타나게 된다. 그러므로 선천으로 보는 사주 여덟 글자를 어떻게 타고났느냐가 가장 중요한 것이고 그다음 만나는 운이 사주 여덟 글자와 어떻게 반응할 것인가에 따라 좋거나 나쁜 운이 될 수 있다. 그러므로 타고난 사주 여덟 글자의 구성이 최우선으로 중요하다고 할 수 있고, 그다음으로 맞이하게 되는 운이 중요한 것이다. 사주 여덟 글자를 해석한다는 것은 사주 원국과 운이 자연스럽게 한몸이 되어 일정 시점이 도래하면서 사건을 만들고 결과를 도출해내면서 한 인간의 운명을 결정하게 되는 과정을 밝혀내는 것이다.

2. 행운과 원국(原局)의 작용

사주해석에서 사주 원국은 체(體)가 되고 운은 용(用)이 된다. 체는 변화의 본체를 말하는 것이고, 용은 변화를 일으키는 촉매제를 말하는 것이다. 고로 체는 홀로 존재할 수 없다. 체와 용이 만나야 비로소 호흡하게 되고 살아있는 율동이 시작되면서 무한 변화가 시작되는 것이다. 그 변화는 숨이 멎는 그날까지 일어나고 숨이 멎으면 변화의 율동도 멈추게 된다.

체는 나 자신을 포함한 나를 둘러싸고 있는 환경을 말한다. 일반적으로 나를 포함한 조상과 뿌리, 친척 등을 말하고, 또 부모를 포함하고 배우자, 배우자와 관계된 조상 친인척 등도 포함한다. 또 친구, 형제, 자식 그리고 자식과 관계된 인간관계 모두를 포함한다. 따지고 보면 나를 둘러싼 모든 인간관계가 현재의 나를 존재하게 하는 것이고, 보이지 않는 사슬에 묶여 존속하고 있다고 할 수 있다. 다시 말해 우리의 삶은 관계 속에서 지속하는 것이다. 그 관계가 어떻게 형성되었느냐가 그 사람의 신분이나 지위를 말하기도 하지만 그 관계가 가까워지고 멀어지는 것이 삶의 일부가 되어 변화를 만들어 낸다.

그러한 인연이나 환경은 태어날 때 이미 부여된 것이다. 즉 사주팔자라는 여덟 글자 안에 오묘하게 섞여 태어나고, 때가 되면 만나 인연하고, 다시 때가 되면 헤어지는 과정을 겪는데 그 과정에서 자신의 욕심이나 입장에 따라 좋거나 나쁘게 느끼게 되는 것이다. 인연뿐만 아니라 부모, 학교, 친구, 직장 등 삶을 살아가면서 만나는 모든 것은 사주팔자 내에 존재하거나 그것을 만날 수 있을 만한 연결 고리가 존재한다고 볼 수 있다. 만약 그렇지 않다면 그런 일은 내 삶 속에서 존재하지 않는다. 예를 들면 최고의 대학을 갈 수 있는 씨앗이 내 사주에 존재하기 때문에 서울대를 어떤 시점에 가게 되는 것이지 공부만 잘했다고 최고의 대학을 가는 것은 아니다. 또, 대기업에 갈 수 있는 씨앗이 있으므로 어떤 시점에 대기업과 인연하여 일하게 되는 것이다. 인연도 마찬가지다. 어떤 인연을 만났다면 그러한 인연을 만날 씨앗이 내 사주에 존재하기 때문에 그러한 인연을 만나게 되는 것이다.

행운은 내 사주에 존재하고 있는 갖가지 가능성을 열어주거나 닫아버리는 역할을 하고, 내 사주 안에 있는 무언가를 끊임없이 변화시킨다. 가령 내 사주에 寅이라는 글자가 있어서 운에서 亥를 만나면 생(生)을 하는 현상이 생기고, 申을 만나면 충(沖) 또는 절(絶)을 하는 현상이 생기는 것이다. 그러나 寅이라는 글자가 없다면 내 삶에 그와 같은 변화가 전혀 생길 일이 없다. 그러한 현상은 내 사주 여덟 글자에 존재하기 때문에 생겨나는 것이다. 만약 寅이 아닌 卯라는 글자가 있다면 亥에서 생(生)하는 현상이 아닌 삼합으로써 사회적 결의나 협약이 이루어질 것이고, 申을 만나면 원진(怨嗔殺)이라는 현상으로 문제가 발생하게 되는 것이니 寅과 卯는 같은 木일지라도 양과 음으로 다르니 현실에서 전혀 다른 양상으로 나타나기 때문에 전혀 다른 결과가 발생하게 된다. 이처럼 사주체(四柱體)와 운의 작용 개념을 정확히 구분하여야만 사주해석의 무궁한 변화를 이해할 수 있게 되며 좀 더 섬세한 해석과 풀이가 가능해지게 되는 것이다.

3. 대운(大運)의 개념

대운은 10년을 주기로 변화되는 운을 말한다. 그래서 대운은 '큰 대(大)' 자를 써서 자신에게 주어지는 가장 큰 환경의 변화를 뜻한다. 대운을 크게 좋은 운으로 이해하는 경우가 있지만, 명리학에서 대운의 개념과는 다른 개념이라 할 수 있다.

대운은 사주체가 맞이하는 가장 큰 환경을 의미한다. 여기서 환경이란 개념은 길흉을 판단하는 절대적 개념이 될 수 없다. 왜냐하면, 환경은 거시적 기운의 흐름을 말하는 것이기 때문이다. 예를 들면 대운의 환경이 좋으면 꽃이 만발하고 나무가 무성하게 자라듯이 인생도 만발하고 삶의 물질적인 능력도 무성해진다. 계절로 비유하면 꽃피는 계절이 온 것이라 할 수 있다. 그러나 그러한 상황 속에서도 매일 날씨가 좋을 수도 있지만 나쁠 수도 있고 때로는 태풍이 불어 꽃을 모두 떨어뜨릴 수도 있으니 대운만을 가지고 10년의 세월을 모두 평화롭고 발전적으로 살아갈 것으로 예측하는 건 무리다. 그러므로 대운의 환경은 그 사주의 주체가 맞이하는 큰 거시적인 환경이라고 이해하면 된다.

대운이 좋으면 인생은 크게 발전할 수 있는 계기를 맞이할 수 있다. 환경은 간접적인 것이기 때문에 대운은 인생의 큰 기회가 될 수도 있고, 반대로 크게 실패할 수 있는 환경이 될 수도 있다. 다만 사주팔자의 구성에 따라 기회를 잡기도 하고 놓치기도 한다. 예를 들어 겨울에 꽁꽁 얼어있는 환경에서 태어난 사주가 따뜻한 운을 만난다면 새싹은 자라나고 만물은 점점 무성해질 것이고, 사주팔자에 대운이 부합하지 못하거나 세운이 제대로 조화를 이루지 못한다면 큰 기회가 와도 이런저런 문제나 상황으로 성취하지 못할 수도 있다. 그러한 상황은 우리의 삶 속에서도 흔히 볼 수 있다. 물론 환경이 이로우므로 과거에 비해 풍요롭고 여유로운 환경을 맞이하는 것은 사실이다. 그러나 그것이 다 자신의 것이라고 말할 수는 없으므로 대운은 그러한 관점에서 판단하여야 한다.

4. 세운(歲運)의 개념

세운은 일 년의 운세를 주관하는 운을 말한다. 세운은 대운의 환경을 바탕으로 주어진 여덟 글자 안에서 벌어지는 구체적인 길흉화복의 결과를 말한다. 그러므로 좋은 운이라는 것은 대운의 환경도 좋은 가운데 세운도 좋을 때를 말한다.

대운은 좋은데 세운이 나쁘면 사회적으로는 어느 정도 위치와 재물을 가지고 있을지라도 그 사람에게 어려운 일들이 벌어지면서 안 좋다는 생각을 갖게 된다. 반대로 대운이 나쁜데 세운이 좋다면 어렵게 사는 가운데 그해에 운이 좋아 일이 원하는 대로 풀리거나 작은 성취를 이루게 되는 것을 말한다. 대운이 나쁜 상황에서는 세운이 아무리 좋아도 소성(小成)에 그치는 것이 이치이다. 또 대운이 나쁜데 세운도 나쁘다면 어렵고 힘든 사람이 더 어려운 상황을 맞을 수밖에 없으니 최악이라 할 수 있고, 대운도 세운도 좋다면 크게 발전하게 되고 사회적 지위도 높아지고 큰 재물도 따라오게 된다.

세운은 일 년의 작은 변화와 사건을 담당하고 일이 펼쳐져 나가는 하나의 줄거리를 만들어낸다. 그러므로 어느 한 사람의 운명을 말할 때 대운의 관점으로 말하는 것은 거시적인 관점에서 주어지는 환경이 좋거나 나쁜 것을 말하는 것이고, 세운의 관점은 현재 당면한 사안이나 문제를 가지고 해석하는 것이다. 결국, 구체적인 길흉화복은 세운에 있고 한해의 운세가 삶의 희비(喜悲)를 가른다고 할 수 있다.

5. 월운(月運)의 개념

월운은 한 달을 주관하는 운을 말한다. 그달의 생각이나 운명적 방향 또는 세운에서 암시하는 사건의 결정 시점이 월운의 흐름에 따라 결정된다. 그래서 월운은 세운을 풀어나가는 주체가 되며 30일 동안의 운세를 결정하게 된다. 정확하게 표현하자면 세운 보다는 작은 개념이지만 세운의 상세한 줄거리를 전개하는 일을 담당한다고 표현할 수 있다.

6. 일진(日辰)의 개념

일진은 하루의 운세를 말한다. 하루의 운세는 그날의 감정과 방향 그리고 사건을 주관한다. 일진은 월운의 영향을 받으며 하루 24시간의 상태나 상황을 만들어낸다.

7. 태일생수(太一生水)와 한난조습(寒暖燥濕)

중국 하베이 성 형문시 곽점초묘(郭店楚墓)에서 출토된 죽간(竹簡) 문헌에 노자의 도덕경과 만물생성의 이치를 담은 글이 나왔다. 그 내용을 살펴보면 우주의 발생설을 담고 있으며 사람의 운명과도 관련이 있기에 여기에 옮겨 보았다.

太一生水, 水反輔太一, 是以成天. 天反輔太一, 是以成地. 天地
태일생수, 수반보태일, 시이성천. 천반보태일, 시이성지. 천지
[復相輔]也, 是以成神明. 神明復相輔也, 是以成陰陽. 陰陽復相
[부상보]야, 시이성신명. 신명부상보야, 시이성음양. 음양부상
輔也, 是以成四時. 四時 復[相]輔也, 是以成滄然. 滄然復相輔也,
보야, 시이성사시. 사시 부[상]보야, 시이성창연. 창연부상보야,
是以成溼燥. 溼燥復相輔也, 成歲 而止.
시이성습조. 습조부상보야, 성세 이지.

태일(太一)은 물을 낳고, 물은 반대로 태일을 도와 하늘을 이룬다. 하늘 또한 자기를 생한 태일을 도와 땅을 이룬다. 이 하늘과 땅이 서로 다시 도와 신명(神明)을 이룬다.

신과 명이 다시 서로 도와 음양을 이룬다. 음과 양이 다시 서로 도와 네 계절을 이룬다. 네 계절이 서로 도와 차가움과 더움을 이룬다. 차가움과 더움이 다시 서로 도와 습함과 건조함을 이루니, 습함과 건조함이 서로 도와 한해를 이루고서야 우주의 발생이 멈춘다.

소우주인 사람은 우주의 발생설과 모양이 같기에 인간의 운명은 나아감과 멈춤, 흥망성쇠, 길흉화복 또한 태일생수설에 근거해서 풀어야 할 것이다. 인간은 태일생수에서 시작되었고, 태일생수는 아버지의 정자와 같은 一水에서 시작되었다는 것이다. 그렇게 시작된 생명의 태동은 천지의 기운을 받아 정신과 육체를 만들어내고 정신과 육체는 다시 음양의 조화로 사상이

생겨나며 차가움(水)과 더움(火), 건조함(金)과 습함(木)으로 나타나게 된다. 그것은 질적인 면에서 풍(風), 화(火), 서(暑), 습(濕), 조(燥), 한(寒)이라는 육기적 특성을 나타내게 되는 것이다. 이런 육기적 특성은 기후로도 존재하고 소우주인 인간의 몸에도 똑같이 작용한다. 그래서 한의학에서는 오래전부터 이미 육기를 설명해 놓았으니 사람의 병을 고칠 때는 어떤 기운이 과하고 부족한 것인가를 분별하여 치방(治方)을 세웠다. 인간의 운명도 위와 같은 육기적 특성에 의해 운행되고 길흉도 좌우되는 것이 대우주의 이치이건만 아쉽게도 필자는 이제까지 사람의 운명을 보는 명리학 이론 책들 중에서 이러한 이치를 설명한 것을 본 적이 없다. 그동안 격국과 용신이라는 이론 체계가 사주해석의 대세를 이루었으나 그러한 해석만으로는 정밀한 사주해석이 불가능할 뿐만 아니라 자연의 이치를 깨닫기에는 한계가 있다. 그러므로 대우주의 탄생과 변화의 이치를 습득해야만 대자연의 심오한 이치에 도달하게 될 것이라고 필자는 생각한다.

1) 풍화서습조한(風火暑濕燥寒)

◆ 풍(風)

風은 바람이다. 바람이 불면 기운이 요동치고 상승한다. 기운이 요동치면 만물은 개화하고 새로운 변화와 개혁의 물결이 시작된다. 새로운 변화의 바람은 정보를 담고 있는 무한 창조와 상승을 위한 분주한 움직임이다. 바람은 파도를 일으키고 바위를 깎으며 먼 곳까지 파고들어 생명의 싹을 움트게 한다.

◆ 화(火)

火는 외세적인 화려함이다. 태양이 비치면 세상은 밝아지고 꽃이 피고 나비가 날아든다. 만물은 만화방창 외세적인 치장을 하기 위해 노력하고 주변의 모든 것을 끌어들인다. 한기는 완전히 물러나고 불길이 치솟아 오르니 모든 기운은 사방, 외곽으로 확장되면서 만천하에 퍼지게 되지만 내부는 그만큼 허해진다. 그러나 적당한 火는 습을 물러나게 하고 만물을 화생시켜 아름답게 길러낸다.

◆ 서(暑)

暑는 열이며 뜨거운 것이다. 열은 만물을 늘어뜨리고 느리게 만든다. 열은 만물을 녹이고 물러지게 만들어 형체를 무너뜨리고, 기운을 외부로 흩어지게 하여 허가 극에 이르게 되니 오히려 움직임이 둔화하고 내부로 기운을 모으려 한다. 그러나 적당한 열은 만물을 숙성케 하고 결실을 거두는 견인차 역할을 하여 가을의 오곡백과가 풍요로워진다.

◆ 습(濕)

濕은 축축한 것이다. 濕은 만물을 내부로 끌어들여 응집하려 하는 성질을 가지고 있다. 濕은 만물을 질척이게 하고 느슨하게 풀어지게 하여 결국 부패시켜 사방에 악취를 풍긴다. 그러나 적당한 濕은 만물의 영양분이 되어 생명을 재탄생시키고 대지를 풍요롭게 만드는 원동력이 된다.

◆ 조(燥)

燥는 건조하고 단단한 것이다. 燥는 만물을 굳어 버리게 하며 표리를 나누어 분별한다. 燥는 황량하게 만들고 땅을 갈라지게 하여 생기를 빼앗아 간다. 기운은 내부로 집중되고 열을 가두고 燥한 氣를 발산한다. 그러나 적당한 燥는 낭비나 사치를 없애고 풍요를 만들어내며 알찬 결과를 만들어낸다.

◆ 한(寒)

寒은 차고 딱딱한 것이다. 寒은 만물을 얼게 하고 냉기를 발산한다. 寒은 딱딱하게 하고 기운을 수장(收藏)하여 감추니 만물이 생기를 거두고 아무런 기능을 발휘하지 못하게 한다. 그러나 적당한 寒은 기운의 확장을 막고 지나친 낙관주의를 조절하며 생명의 원천적인 기운을 간직하여 어떤 것이든 생명력을 오래 유지할 수 있도록 한다.

모든 사주의 틀과 운을 보는 것은 운기적인 특성과 질적인 측면으로 보아야 한다. 운기적 특성은 외적으로 드러난 형태를 말하는 것이고, 질적인 측면은 내적으로 작용하는 면을 말하기 때문이다. 합(合)이나 충(沖), 신살(神

殺) 등의 그 어떤 이론도 음양오행 오운육기(五運六氣)를 넘어서지 못한다. 모든 것은 음양오행과 오운육기의 법칙 내에서 일어나는 사건의 형태이기 때문이다. 길흉(吉凶)의 관점은 오운육기 내에서 벌어지는 한난조습서한의 질적인 측면으로 인하여 발생하게 된다는 것을 알아야 한다. 만물은 오직 유극(有極)의 시작점인 태일이 신명(神明)을 받아 음양과 오행으로 진화하여 육기적 측면에 이르게 되면서 길흉화복(吉凶禍福)이 결정되는 것이다. 그래서 한의서에도 인간의 건강을 육기적 측면으로 모두 표현한다. 사회적인 측면도 이와 이치가 다르다 할 수 없다. 왜냐하면, 우리가 인식하고 생각할 수 있는 모든 것은 모두 하나의 점에서 시작되어 변화된 것으로 그 뿌리가 모두 같기 때문이다. 물리학적으로 설명하면 원자의 상태에서는 모두 같은 성질을 가졌지만, 그것의 조합과 배열이 어떻게 구성되었는가에 따라 우리 눈에 보이는 형체가 전혀 다르게 보인다. 그렇지만 그 근본은 모두 같은 것이기 때문에 원리 또한 같은 것이라 할 수 있다.

사람은 원래 타고난 음양오행의 글자에 의해 한난조습이 결정되고 그로 인하여 풍화서습조한이 만들어지는데 그 환경적 특성에 의해 심리적인 특성이나 방향이 결정된다. 그 심리적인 방향과 특성은 개개인의 행동이나 인연을 만들어내고 나아가 학문과 직업을 결정하여 결국 인생에 반영되는 메커니즘이 만들어진다. 엄밀히 말해서 운명을 결정하는 요인은 음양오행의 한난조습에 의한 육기적 작용이라 할 수 있다.

인간의 길흉화복은 하늘의 음양오행 조화로 인하여 땅의 풍화서습조한이라는 여섯 가지 질적 형태의 결과로 결정된다. 물론 단순하게 여섯 가지만을 의미하는 것은 아니다. 예를 들면 風과 火가 섞이거나 風과 濕이 섞이거나 寒과 風이 섞이고, 燥와 暑가 섞이는 형태로 다양한 변화의 양상을 나타내니 그 변화가 무궁하다. 이 무궁무진한 변화는 기본적으로 타고난 사주 여덟 글자의 질적인 측면과 대운과 세운에서 만나게 되는 질적 측면이 서로 부딪히고 합하는 과정을 겪으면서 융화되어 나타나는 것이다.

제 2 장

대운론(大運論)

제 2 장 대운론(大運論)

1. 대운의 음양(陰陽)과 오행(五行)과 천간지지(天干地支)

1) 음양의 관점

대운에서의 음양 관점이란 대운에서 양운(陽運)을 걸어갈 때와 음운(陰運)을 걸어갈 때의 삶의 모습과 특성을 파악하기 위함이다. 대운은 사주 원국에 환경적인 영향을 미치게 되는데 그에 따라서 사람의 감정이나 행위, 직업, 취미 등 모든 것에 영향을 미치게 된다. 운명의 큰 길흉화복은 이렇게 결정되는 것이다. 운이 陽운으로 흘러가는 사람은 밝은 곳, 유명한 곳, 인기 있는 곳 등의 환경에서 살아가고, 운이 陰운으로 흘러가는 사람은 조용한 곳, 편안한 곳, 내실이 있는 곳 등의 환경에서 살아간다.

陽적인 환경이란 반드시 번화한 대도시만을 말하는 것이 아니고 시골에 살지라도 陽운을 걸어가면 자신이 처해 있는 환경에서 최대한 많은 사람이 붐비거나 자신을 드러낼 수 있는 환경을 찾아 살게 된다는 뜻이고 陰적인 환경 또한 조용한 시골만을 말하는 것이 아니라 도시에 살더라도 외곽이거나 조용하거나 안주할 수 있는 환경을 의미하기도 하며 유명직장이나 번화한 곳에 직업을 갖더라도 자신을 드러내지 않으면서 많은 사람과 소통하지 않고 내실과 안정에만 치중하며 살아가게 되는 환경을 뜻한다. 그러므로 무엇이 좋고 무엇이 꼭 나쁠 수는 없다. 타고난 사주 원국의 환경에 따라 해석이 달라질 수밖에 없다.

이 세상의 모든 일은 동전의 양면처럼 좋은 점과 나쁜 점이 있다. 陽운과 陰운 모두 그러하다. 그러므로 陽운과 陰운의 장단점을 모두 알고 있어야 한다. 陽운은 사람을 陽적으로 행위를 하게 만들기 때문에 보다 진취적이고 발전적인 성향으로 나아가게 한다. 陽운을 잘 쓰는 사람이라면 陽운에 외적으로는 번듯해 보이고 멋지며 인기를 얻어 많은 발전을 이룩할 수 있다. 그러나 양기운이 너무 지나치게 많거나 陽운을 제대로 쓰지 못하는 사주의 경우 소비적이고 낭비적인 측면으로 기울게 되어 결국 에너지가 고갈된다. 물론 陽운을 잘 쓰는 사람일지라도 이런 낭비나 에너지 고갈은 陰운에 비하여 많다고 할 수 있지만, 잘 쓴다는 것은 陽운에도 치우치지 않고 음양이 적절히 조절되고 있다는 의미라는 걸 정확하게 알아야 한다. 陰운은 안정적이고 실리적인 측면을 갖고 있으므로 사람들 앞에 나서는 것을 좋아하지 않으며 조용하고 묵묵히 자기 할 일을 해나가며 살아가길 원한다. 의식의 방향이 내면으로 향하고 있어 자신의 몸, 가족, 가까운 친구 몇 명 등으로 소수의 인간관계만을 형성하면서 살게 되고 사회 활동이 넓게 펼쳐지지 않는다. 그래서 갑작스러운 변화를 꺼리게 되고 무엇이든 계획한 대로 살아가기를 원한다. 陰운을 잘 쓰는 사람의 경우 매우 착실하고 꼼꼼하여 지출도 많지 않다. 대부분 삶이 안정적이고 직장이나 물질 등 자신이 가지고 있는 것들을 오랫동안 유지해 나간다. 그러나 음이 너무 지나치거나 陰운을 잘 쓰지 못하는 사주의 경우는 삶이 궁색하고 궁상맞으며 인색하고 눈치가 없어 원만한 사회활동을 하지 못하게 된다. 변화에 느리고 답답하게 대처하여 기회가 와도 망설임이 많아 기회를 잡지 못하는 사람이 된다.

陽운이 허무맹랑한 환상에 빠진 것이라면 陰운은 스스로 옭아매는 자기 비관에 빠진 것이니, 어떤 운이든 잘 쓰는 것이 중요한 것이지 음이냐 양이냐가 중요한 것이 아니다. 다만 음양이 치우치거나 소통되지 못하여 쓰지 못하면 인생이 위와 같은 이유로 어렵게 되니 원국과의 조화 여부가 중요하다는 것을 유념해야 한다.

2) 오행(五行)의 관점

오행(五行)의 관점은 음양의 관점을 좀 더 세분화하여 운을 관찰하는 것을 말한다. 오행(木, 火, 土, 金, 水) 다섯 성질의 운의 특징을 이해하고, 나아가 글자 간에 소통이 얼마나 조화롭게 이루어졌는지 관찰하여야 하며, 오행을 바라보는 관점은 계절적인 측면, 삼합(三合)적인 측면, 지장간(地藏干) 속에서 작용하는 측면, 글자의 측면, 오운육기의 측면 등 다양한 방식을 적용하여 풀이하는 것이다. 물론 각각의 측면이 한 인간의 삶에서 어떻게 영향을 미치는지 그 모습이나 상황이 어떻게 다르게 작용하는지를 풀이하는 것은 매우 복잡하다. 그러나 각각의 관점을 하나하나 연구하다 보면 필자가 말하는 의미를 헤아릴 수 있게 될 것이다. 이렇게 복잡하게 서로 얽혀 있는 것이 오행이다. 오행은 겉으로 보기엔 다섯 가지의 기운의 단순한 조합으로 보여 별로 어려울 것이 없어 보이지만 실제로는 다섯 가지의 기운이 서로 복잡하게 얽혀 무한한 변화를 만들어내고 있다. 우선 오행적으로 운에서 작용할 때의 특징부터 살펴보자.

① 水운의 특징

水(亥子丑 申子辰)운이다. 그러나 완벽한 水운은 亥子丑운이라 할 수 있고, 申辰운은 외부적으로는 水운이 아니지만, 내부적으로 결합하여 水의 특징을 담고 있다. 그러므로 水운의 특징에 포함한다.

水는 일차적으로 겨울을 의미한다. 밤의 시간을 의미하기 때문에 극도로 뭉치고 단단해진 것을 뜻한다. 심리적으로는 매우 조심스러워지고 내면을 채우려는 행위가 강해진다. 학문을 채우든 재물을 채우든 그것을 통해 내면적인 안정을 취하려 하고 항상 비상사태에 대비하는 유비무환의 정신이 水운의 특징이다. 이차적으로는 그러한 응집된 에너지를 바탕으로 조심스럽게 밖으로 표출하려 한다. 그래서 水운에는 무언가를 고심하고 전전긍긍하는 상태를 많이 볼 수 있다. 한쪽 마음은 안정을 구하려 하고 다른 한쪽으로는 양지의 세계로 나가려는 기회를 항상 찾고 있으므로 혼자 고민하는 경우가 많다. 그러한 상황 속에 음이 강하면 안정하는 쪽을 택하고 木을 만나 양기가 강해지면 조심스럽게 시작하고 도전하는 방향으로 전환한다. 혼자 생각하고 고민하는 경우가 많아 소외감을 느끼고 외로움을 많이 타며 같이 있어도 외로움을 느끼고 외부의 따뜻한 관심과 주목을 받고 싶어 하지만 능숙하지 못하다. 水운에는 아무리 받아도 부족함을 느끼게 된다. 재산을 아무리 많이 쌓아놓아도 부족하다고 느끼며 자기는 항상 남보다 부족하다는 느낌을 떨칠 수 없게 된다. 그래서 비관적인 성향이 짙어지고 우울한 마음을 많이 갖게 되는데 거기에 조후까지 잃게 되면 신경성 질환이나 종양성 질환으로 병을 크게 키우는 경우가 발생하게 된다.

② 木운의 특징

木(寅卯辰 亥卯未)운이다. 그러나 완벽한 木운은 寅卯辰운이라 할 수 있고, 亥未운은 외부적으로는 木운이 아니지만, 내부적으로 木의 특징을 담고 있다고 볼 수 있으므로 木운의 특징에 포함한다.

木은 일차적으로 하루의 시작을 의미한다. 만물이 개화하고 성장해 나가는 시기이므로 새로운 창조와 시작을 열어가는 것을 뜻한다. 그래서 매우 의욕적이고 진취적이며 가만히 있지를 못한다. 뜻이 늘 미래지향적인 발전과 성취에 가 있으므로 마음이 앞서고 무엇이든 결단하고 실행하고자 하는 실천력이 강하다. 木은 외면적으로는 이렇게 진취적인 기상이 있지만, 내면의 심리에서는 자신의 삶에 만족하지 못하여 부정적이고 비관적인 심리가 담겨 있다. 그래서 그 비관적인 상황을 변화시키기 위하여 삶의 도전과 개혁을 실행해 나가려 한다. 그러나 木운에는 자기 삶의 처지에 비해 의욕이 앞서다 보니 마음이 조급해지고 매일매일 새로운 생각이 떠올라 일관성을 갖기보다는 금방 싫증을 내며 계속 변화와 개혁만을 고집하게 되면서 삶이 부실해지는 경우가 많다. 필요 없는 자질구레한 지출이 많아지게 되므로 부채가 늘어날 수 있다. 木운에는 새로운 것을 계속 배워나가면서 그것을 사회활동에 바로 적용하여 즉시 사용하게 되므로 무엇이든 빠르고 급격한 성취와 쇠락의 기복을 겪게 된다. 이차적으로는 木은 결국 火로 달려가려는 것이니 결국 木운의 궁극적인 목적은 번영과 영화로운 세계로의 진출이 목적이라 할 수 있다. 사람의 도전과 성취는 결국 음양의 균형이 아닌 불균형에서 일어나고 불만족스러운 심리로 작용하여 그 불균형을 채우기 위하여 사람이 움직이게 되니 불균형 상태를 어찌 꼭 나쁘다고만 하겠는가!

③ 火운의 특징

火(巳午未 寅午戌)운은 지나치게 물성이 밖으로 펼쳐져 허결해진 상황을 말한다. 그래서 느슨하면서도 급하게 서두르는 경향이 나타나게 된다. 많은 사람과 교류하다 보니 사람에게 지치게 되고, 화려한 이면 속에 의심과 삭막한 감정이 존재한다. 또한, 만물이 늘어져 있는 상황이니 귀찮고 피곤하며 권태로운 마음이 강하다. 또 타인보다 우월하거나 앞서가는 입장에 서서 삶을 해결해 가려 하니 火운에 부도가 나면 일이 크게 벌어진다. 음기가 부족하면 관리가 소홀하여 크게 손실을 보게 되니 이것은 모두 양기가 지나쳐 긴장감이 풀어진 상태에서 오는 것이며 외적인 요소에 많이 집착하려고 하는 심리가 발동하기 때문이다. 그러나 火운은 어느 때보다도 세속적인 감각이 좋고 유명과 인기를 어떻게 하면 얻을 수 있는지를 잘 안다. 그래서 火운을 잘 쓰면 크게 이름이 나거나 출세하는 기회를 얻게 되기도 한다. 火운은 외적으로는 대외 지향적이고 타인을 위하는 듯하지만 결국 그것은 타인에 대한 배려를 통해 얻는 신뢰와 인기를 통하여 자신의 이익을 창출하게 된다. 그 이유는 火는 내면에서 金을 장생(長生)하고 길러가는 것이니 火의 목적은 결국 실질적인 부가가치를 만드는 것이라 할 수 있다. 火는 木과는 달리 포부가 원대하고 큰 가치를 가지고 타인과 경쟁하는 것이기 때문에 그 규모가 크다. 그래서 사업을 해도 덩치를 키우려 하고 직장을 다녀도 크고 규모 있는 회사나 단위가 큰 프로젝트의 일을 맡아 결과도 크게 얻으려는 성향을 갖게 된다. 그만큼 火는 에너지 소모도 많이 하는 것이므로 사회적인 일이 끝나면 혼자만의 휴식과 충전을 간절히 원하게 된다.

④ 金운의 특징

金(申酉戌 巳酉丑)운은 만물을 수렴하고 거두어서 작은 공간에 포장하려는 마음을 말한다. 결실이 끝났으니 더 무엇을 해야 할 의미가 없는 金은 새로운 사람과의 인연을 꺼리고 필요 없는 번잡한 관계를 만들려 하지 않는다. 그래서 혼자 즐기거나 자신과 친한 한두 명의 지인이나 가족과 함께 있기를 좋아한다. 새로운 사람과의 만남이나 인연도 좋아하지 않고 새로운 일이나 분야에 대한 진출도 좋아하지 않는다. 오직 그동안 했던 것의 결실과 성과를 보고자 하는 마음이며 큰 출세나 성과보다는 적절한 이익을 통하여 편안한 삶을 살아가는 것을 선호한다. 그러므로 젊은 시절에 金운을 만나면 결혼에 대한 의지가 약하고, 결혼한다 하여도 상황에 밀려서 결혼하는 예가 많다. 그러나 일단 결혼을 하고 나면 가정에 충실해지려 노력한다. 金은 타인의 처지에서 외적으로 보았을 땐 매우 건조하고 정이나 인간미가 없어 보이지만 가족이나 친구 처지에서 보았을 땐 가정적이고 변치 않으며 정이 깊은 사람이다. 金은 출세와 편안함의 중간 입장에서 적당한 사회적인 활동과 개인적인 여가를 즐기며 안정을 유지하려는 마음이 강하다. 그러므로 변화를 싫어하고 꾸준한 소득을 통한 편안함을 추구하는 것이 金운의 특징이라 할 수 있다.

3) 대운에서의 천간

대운은 사주체가 10년간 영향받게 되는 환경을 말한다. 그래서 대운의 천간이란 그 기간에 마음먹는 정신적 상태나 방향성을 뜻하고 지지는 현실적 상황을 뜻한다. 대운을 천간지지 5년씩 끊어서 보는 논리도 있지만, 그것은 대운의 의미를 정확히 판단하는 것이라 볼 수 없다. 왜냐하면, 그러한 방법은 필요한 용신을 정하여 길흉을 논하기 위함이니 글자의 오행과 육친적인 여부만을 판단하기 위해서 10년씩 보는 것은 무리가 있으므로 잘라 보는 것으로 생각된다. 그러나 대운은 오행과 육친만을 판단하는 것이 아니라 간지의 상을 보아야 한다. 길흉화복 최종 판단이 대운에만 있는 것이 아니라 전체적인 상을 보아야 하므로 대운의 간지를 그대로 보아야 한다. 대운은 『지천명리〈격과 그릇편〉』에서 논했던 육십갑자의 상과 같은 환경을 그 명조가 맞이한 환경으로 보면 된다. 대운은 천간지지를 합친 간지로 판단하여야 한다는 것을 반드시 기억하여야 한다는 뜻이다.

① 천간론

대운의 천간은 정신적 방향성과 추상적 목표를 뜻한다. 또한, 형이상적인 사항의 모든 것을 말한다. 이를테면 지위, 감투, 인기, 유명세, 콘텐츠, 기술력 등 보이지 않는 형이상적인 모든 사항을 말한다. 대운의 천간에서 陽운은 외향적 특성을 갖고 陰운은 내향적 특성을 갖게 된다.

甲乙운은 특정한 목표를 향해 정진해 나가는 운이다. 그 결과물이 미래에 있고 난관과 장애에 맞서 부딪치고 이겨가며 살아가는 운이다. 또, 의욕이 넘치고 일관성을 가지고 정해진 목표를 향해 정진해 가는 특성이 있다. 일반적으로 특허, 신상품, 신도시, 재개발 등 최초나 처음이라는 의미가 있다.

丙丁운은 유명과 화려함을 지향하는 운이다. 그래서 정신의 방향이 가장 화려하고 자신을 가꾸고 뽐내는 데에 있다. 그래서 최고의 것을 선망하고 외적인 화려함에 치중함을 말한다. 일반적으로 언론 노출이나 유명 사회로의 진출을 말하기도 하고 자신의 재능과 능력을 알려 타인의 시선을 받기를 좋아한다.

戊己운은 목표가 잘 정해지지 않는 운으로 그 모양이 불분명하다. 그래서 특별한 목표가 없고 자신이 무엇을 해야 할지 몰라 현실에서 닥친 일을 하며 살아간다. 戊己운은 목표가 잠시 정체되는 것이지만 숙성되고 무르익는 과정이라 할 수 있고 戊己운을 지난 이후에 큰 결과를 낼 수 있다.

庚辛운은 결과와 가치를 중시하는 운으로서 명실공히 으뜸의 가치를 만들어가고 얻으려는 운이며 최고로서의 가치를 인정받게 된다. 그래서 사회적인 큰 업적, 실적이고 고부가가치가 있는 일을 한다.

壬癸운은 내세적인 운으로서 화려한 것보다는 편안하고 안정된 것을 지향한다. 또한, 보안이 요구되는 것, 소외된 것, 옛것 등을 말하고 타인의 뒷바라지나 지원하는 일을 선호하며 귀향, 귀촌 등을 선호한다.

4) 대운에서의 지지(계절)

대운의 지지는 형이하적인 현실을 말한다. 형이하적인 현실이란 눈에 보이는 모든 상황을 말한다. 그러므로 행위를 하는 것, 장소, 물건, 일의 방식 등 마음이나 생각이 아닌 구체적으로 드러난 상황을 말한다. 그러므로 대운에서의 지지는 그런 상황을 만나는 것을 뜻한다.

① 木運(寅卯辰 亥卯未) 창조와 의욕

木운은 새롭게 창조하고 만드는 일, 또는 그러한 특성이나 환경과 인연한다. 일반적으로 교육, 제조, 기획, 디자인, 개발 등의 분야이며 공간적으로 신도시, 새 건물, 새로운 조직 등의 환경을 말한다. 木운은 무엇이든 길지 못하여 이것저것을 하거나 이리저리 변화가 잦다. 또한, 木운은 새로운 인연을 만들어 내는 데 여념이 없고, 모든 사고가 미래에 초점이 맞추어져 있으므로 현재는 부실하고 허약하여 외상거래나 부채 등이 발생한다.

② 火運(巳午未 寅午戌) 인기와 외세욕

火운은 세상에 나를 알리고 유명하고 멋지고 화려한 특성의 일이나 환경과 인연한다. 일반적으로 언론, 방송, 연예, 미용, 의료, 건강, 금융, 전기, 화학 등의 분야이며 공간적으로는 번화가, 중심가, 화려한 곳, 유명 조직, 가장 비싼 곳 등의 환경을 말한다. 火운은 많은 사람과 인연하여 활동하다 보니 내면의 에너지가 부족하여 피곤하고 귀찮은 마음이 많아져 겉으로는 처세가 능숙하여 친절할지라도 속으로는 받아들이지 않는다. 또한, 火운은 겉으로는 큰 결실을 보나 일의 규모가 커지다 보니 지출도 그만큼 따른다.

③ 金運(申酉戌 巳酉丑) 결과와 물욕

金운은 결과 중심의 환경을 말하고 외적인 것보다 내실을 중시하는 운을 말한다. 일반적으로는 기계, 전자, 금융, 법무 등을 말하며 공간적으로는 은행가, 도시 외곽, 과거의 번영이 있었던 동네, 시장, 전통적인 조직 등의 환경을 말한다. 金운은 실리적인 안정성을 추구하여 정해진 틀 속에서 오랫동안 머무르려 하므로 변화가 적고 자신의 관심사가 아니면 아예 무관심한 태도를 보인다. 金운은 지구력을 발휘하여 결국 결실을 보기는 하지만 대외적인 처세가 부족하고 인색하며 인간관계가 좁다.

④ 水運(亥子丑 申子辰) 안정과 소유욕

水운은 보이지 않는 것을 쫓거나 내면의 것을 따라가는 운으로서, 보이지 않는 것이란 이상, 가치, 종교, 철학, 연구, 술, 물, 종자, 농수산업, 버려진 것, 더러운 것, 소외된 것 등을 말한다. 공간적으로는 시골, 섬, 한적한 곳, 뚝떨어진 곳, 독립적인 곳, 낡은 것, 오래된 것, 초라한 곳 등을 말하며 독립적인 조직 등의 환경을 말한다. 水운은 타인에게 자신이 하고자 하는 일을 방해받고 싶지 않기 때문에 매우 독립적이고 독자적인 길을 걸어간다. 水운은 전면에 나서기보다는 뒤에서 남을 돕거나 지원하는 일에 관심이 많고 소득과는 관계없이 자신이 가장 하고 싶어하는 일을 하며 살아간다.

5) 대운에서의 지장간(地藏干)과 육기(六氣)

음양은 한 글자에 음양이 집약되어 있기도 하고 골고루 섞여 있기도 하다. 지장간은 그러한 글자 내의 섞여 있는 상황이나 모습을 의미한다. 가령 寅이라면 오행적으로는 木이지만 지장간에 丙火가 있어 火운동을 하고, 육기적으로는 소양상화(少陽相火)하니 창조적 성향이 있다. 이처럼 지장간은 음양적, 오행적, 삼합적 성질과 육기적 성질, 기운의 성질 등 여러 성질의 음양이 있다.

① 대운의 삼합적 판단

먼저 오행과 삼합적 음양을 알아보면 다음과 같다. 운은 오행적인 運과 삼합적인 運이 있다. 오행적 음양은 겉으로 드러나 보이는 모습을 말하고, 삼합적 오행이란 사회적인 방향을 나타낸다.

	오행(五行)적	삼합(三合)적
陽運	寅卯辰 巳午未	亥卯未 寅午戌
陰運	申酉戌 亥子丑	巳酉丑 申子辰

가령 대운에서 寅卯辰 巳午未 대운을 걸어간다 하더라도 명조가 60년 내내 양의 활동만 하는 것이 아니다. 글자를 삼합적 오행으로 바꾸어 보면

20년 단위로 陽운과 陰운을 번갈아 가면서 가게 됨을 알 수 있다.

마찬가지로 오행적으로 申酉戌 亥子丑 陰대운을 걸어갈 때도 내면적으로 申과 酉는 陰운동, 戌과 亥는 陽운동, 다시 子와 丑은 삼합적으로 陰운동을 하는 것을 알 수 있다. 이는 곧 우주의 음양 운동이며 대운에서도 삼합적으로 木火金水의 운동을 반복적으로 하고 있음을 말하는 것이다. 또한, 모든 글자는 표리부동한 이중적 특성이 있음을 알아야 한다.

② 대운에서의 지장간

대운에서의 지장간은 그 대운에 겉으로 드러난 글자의 특성으로 포장되어 그 이면에 보이지 않게 가려진 이해관계나 행위를 나타낸다. 가령 寅이라면 지장간 속에 '戊丙甲'이 들었는데 외적으로는 寅이라는 특성을 갖게 되지만 내면에서는 '戊丙甲'이라는 행위나 이해관계가 섞여 있다고 보아야 한다.

③ 대운에서 육기(六氣)적 특성

- 巳亥는 풍목(風木)이니 교역하고 창조하며 역마를 써서 활발히 활동하며 사는 운이다.
- 子午는 군화(君火)이니 지역과 나라와 민족, 그리고 지구, 우주를 위한다는 사상을 가지고 자신이 군자이면서 중심이 되는 삶을 살아가려 한다. 즉 내가 아니면 안 된다는 의식이나 자신이 책임지려는 마음에 해당한다.

- 寅申은 상화(相火)이니 새로운 창조물을 만들려고 한다. 그래서 업계 최초가 되려 하고 남들 안 하는 일을 하려는 특성을 가진다.
- 丑未는 습토(濕土)이니 중간자적 태도를 보이려 한다. 양쪽의 이해타산을 조절해주거나 연결해주는 입장에 있다.
- 卯酉는 조금(燥金)이니 실리 지향적이고 분별하고 까다로운 기준으로 만물을 선별하고 결정하며 살아간다.
- 辰戌은 한수(寒水)이니 큰 규모의 것을 따르지만, 조심성 있게 오래 할 수 있는 것을 말한다.

6) 대운에서의 간지

대운에서의 간지론은 육십갑자의 간지를 말한다. 시중에서 대운을 오행적 특성만을 판단하기 위해 천간 5년, 지지 5년씩 나누어 판단하는 법이 있는데 그것을 올바른 대운 판단법이라 할 수 없다. 천간은 형이상적인 요소로서 정신을 말하고, 지지는 형이하적인 요소로 육체를 말하니 정신과 육체가 하나로 어우러졌을 때 하나의 완성된 무엇이 생겨나는 것이다. 대운에서의 간지는 그 대운의 환경적인 큰 모습을 나타내는 것이다. 가령 甲子대운이라면 보이지 않는 형이상적인 것을 최초로 시도하려는 것이고 그 모습이 군화의 특성에 앉아 있으니 세상을 위한 움직임이라 할 수 있고, 급작스럽고 고독한 모습의 환경에서 살아간다. 또한, 자신이 꿈꾸는 신념이나 이상을 향해 나아가려 한다고 볼 수 있고 그러면서도 중립적이면서 바른 자세를 보이려는 환경을 말한다. 그러한 환경이 원국에 어떤 영향을 주는가를 보는 것이고, 원국에 가지고 있는 글자와 합(合), 충(沖), 형(刑), 파(破), 해(害), 신살(神殺) 등이 만나 운명에 어떤 작용을 할지 보아야 한다. 단순히 용신을 정하고, 정해놓은 오행이 오는지 또 그 오행을 돕는 글자가 오는지를 판단하는 기존의 사주풀이 방식은 사주해석의 역동적이고 구체적인 해석의 본질과는 거리가 멀고 한낱 글자 맞히기에 불과하다. 육십갑자는 『지천명리〈격과 그릇편〉』에서 육십갑자의 설명을 참조할 수 있다.

대운에서 간지는 큰 환경을 말하므로 큰 대세를 말한다. 큰 대세는 그릇을 크고 높게 만들기도 하고 그릇을 작고 옹졸하게 만들기도 한다. 사람의 그릇은 원래 여덟 글자로 정해진 것이나 팔자라는 것은 완벽할 수가 없어서 누구나 부족하고 허결할 수밖에 없는데 운이 와서 어떤 영향을 주느냐에 따라 큰 부자가 되기도 하고 어떤 운이 오더라도 부자가 되기 힘든 사주가 있을 수 있다. 사주의 그릇은 오행의 작용으로 풍화서습조한의 여섯 가지 성질로 결정되고, 운에 의해 그 기질이 風에서 火로 바뀌기도 하고 燥에서 濕으로 바뀌기도 하며, 火에서 燥로 바뀌기도 하는 변화를 하게 된다. 그러므로 사람은 살아가면서 대운에 의해 그 기질과 성품이 바뀌게 되는 것이 당연하고 그 바뀐 기질과 성품이 좋은 방향으로 작용이 될 수도 있고 그렇지 않을 수도 있다. 좋은 방향이란 오행이 중화를 이루어 平氣를 이루는 것을 말하고 木, 火, 土, 金, 水 모두가 평해야만 부와 귀를 얻게 된다.

7) 대운에서의 글자의 물상적인 특성

지지는 현실적으로 펼쳐지고 드러나고 인연하는 것을 말하며 천간의 뜻을 계승하여 현실적으로 맞이하는 상황을 의미한다. 이 대운의 지지는 사주체와 맞물려 합형충파해, 원진, 공망 등을 거듭하며 삶의 사건·사고와 구체적 길흉화복을 결정한다. 지지의 글자는 천간과 달리 각기 가지고 있는 고유의 에너지도 다르다. 글자마다 독특한 고유의 특징을 가지고 있으며 길흉화복의 힘도 제각각 다르다.

◆ 子운

고정된 특징, 최대한 움츠린 모양을 가지고 있다. 비밀스러운 것, 혼자 하는 것, 외진 것, 연구, 근원을 파헤치는 것 등을 말한다. 특히 여자의 경우 고정적 특징이 강하여 이런저런 집안일에 묶이는 경우가 많다.

◆ 丑운

값진 것을 다루는 것, 보안이 요구되는 것, 부가가치가 높은 것을 다룬다. 계획하고 연구한 것을 실현하는 것, 목적을 달성하기 위하여 참고 인내하며 실천한다.

◆ 寅운

빠른 것, 무서운 것, 권력적인 것 등의 환경에서 살아가는 운이다.

◆ 卯운

돌아다니는 것, 순한 것, 변화가 많은 것, 창조하는 것 등을 말한다.

◆ 辰운

무리의 지도자, 속이 썩은 것, 감추고 싶은 비밀이 있는 것, 외형보다 내실이 부족하다. 무리나 단체를 조직하여 활동한다.

◆ 巳운

빠른 것, 첨단, 권력적인 환경이나 영향력 있는 일을 하는 것을 말한다. 고부가가치를 만들어내는 것, 대중적인 일을 하게 된다.

◆ 午운

예쁜 것, 돌아다니는 것, 인기 있는 것, 많은 사람의 시선이 집중된 것이나 그러한 환경에서 살아간다.

◆ 未운

무리 지어진 곳에서 활동, 불특정 다수를 상대하고, 열린 공간에서의 영업, 주로 휴식, 여가, 여행, 건강 등 힐링(자연치유)을 위한 사회활동을 한다.

◆ 申운

철강 금속 등 단단한 것, 권력적인 것, 위험하거나 무서운 물건, 가치 높은 것 등 권력적이거나 영향력이 있는 사회활동 공간을 말한다.

◆ 酉운

가치 높은 것, 최고 품질, 섬세한 것, 날카로운 것, 독보적인 것 등으로 많은 고부가가치를 창출하기 좋은 운이지만 얻어진 결실만을 누리고 먹고 산다.

◆ 戌운

권력적인 것, 가치 높은 것을 숨기고 있는 등 이중적인 특징을 말한다. 보수적이고 권력적인 조직에 인연하거나 조직을 결속해서 살아간다.

◆ 亥운

남을 먹여 살리는 것, 타인의 뒷바라지하는 것, 기르고 양성하는 것, 가치 낮은 것을 많이 파는 것을 말한다.

지지의 글자는 모두 음양이 섞여 있으므로 다양한 양상을 나타낸다. 겉으로는 양이면서 속으로 음적인 것이 있고, 겉으로는 음이면서 속으로는 양적인 것도 있으며 겉과 속이 모두 양적인 글자도 있고, 겉과 속이 모두 음적인 글자도 있다.

	오행 대세	육친 음양	기운 방향	삼합 음양	표면 음양	오운 육기	차서 음양	음양 대세
子	−	−	+	−	−	+	+	양(3), 음(4)
丑	−	−	+	−	−	+−	−	양(1), 음(5)
寅	+	+	+	+	−	+	+	양(6), 음(1)
卯	+	−	+	+	+	−	−	양(4), 음(3)
辰	+	+	+	−	+	−	+	양(5), 음(2)
巳	+	+	+	−	+	+	−	양(5), 음(2)
午	+	−	−	+	+	+	+	양(5), 음(2)
未	+	−	−	+	+	+−	−	양(3), 음(3)
申	−	+	−	−	+	+	+	양(4), 음(3)
酉	−	−	−	−	−	−	−	양(0), 음(7)
戌	−	+	−	+	−	−	+	양(3), 음(4)
亥	−	+	−	+	−	+	−	양(3), 음(4)

〈글자별 음양 조합 표〉

위 표는 오행 대세적인 음양, 육친적인 음양, 기운의 방향적인 음양, 삼합의 운동성으로서의 음양, 표면에 표현된 음양, 오운육기적인 음양, 차서(순서)에 의한 음양 관계를 정리해 놓았다. 글자를 살펴보면 어떤 글자는 음양이 적당히 섞여 있고 어떤 글자는 음양이 한쪽으로 편중된 것을 알 수 있다.

예를 들면 寅은 6陽 1陰이므로 양기의 특성이 음기보다 훨씬 강하다는 것을 알 수 있다. 또, 酉의 경우 0양 7음이므로 음기가 매우 강한 것을 알 수 있다. 또, 丑, 辰, 巳, 午의 경우도 비교적 한쪽으로 편중되어 있지만, 子, 卯, 未, 申, 戌, 亥의 경우 음양이 비슷하게 섞여 있다. 이것은 운의 특성이 음양이 편중될수록 길흉의 편차가 크게 일어나고, 그렇지 않을 때는 편차가 적을 수 있는 특징을 말하는 것이다. 그러므로 부귀빈천이나 흥망성쇠도 아무 때나 되는 것이 아니므로 운을 해석할 때 대운의 특징을 살펴 길흉의 값을 가감하여야 한다. 예를 들면 未대운을 잘 쓰는 사람인데 운이 좋다 하여 크게 대박을 낼 것이라 해석하면 안 되고, 긍정적인 흐름 속에서 서서히 좋아질 것이라 해석해야 맞는 것이다. 또 寅대운을 걸어가는데 그 운을 좋게 쓰지 못하면 큰일이 벌어져 큰 해를 입을 수 있다고 해석해야 한다. 물론 지지만 가지고 판단을 할 것은 아니다. 천간에 어떤 글자가 있느냐에 따라 괴강이나 백호대살 대운이 될 수도 있고 음양의 특성에 따라서 조금씩 다를 수 있으니 무엇보다도 기본을 생각하고 그다음 변화를 헤아리는 것이 대운을 해석해 가는 방법이라 할 수 있다.

◆ 寅巳申辰戌운
권력적인 사람들과 인연하거나 권력적인 환경에서 살아가게 된다.

◆ 寅酉丑辰巳午운

운에서 부귀빈천의 길흉이 확실하게 바뀐다. 기운적으로 압력이 집중되어 있어 큰 대세적 변화가 일어나며 신분 전환의 통로가 되는 운이다.

◆ 子卯未申戌亥운

어정쩡한 운이다. 기운이 섞여 있어 부귀빈천이 잘 뒤바뀌지 않고, 잘 되어도 서서히 되고 안 되어도 서서히 안 되기 때문에 색깔이 분명히 드러나지 않는 경우가 많다.

2. 대운에서의 남녀 구분

1) 음양에 의한 남녀 구분

만물은 무극과 태극에서 시작하여 태극의 조화로서 음양으로 나누어지게 되었는데 그것이 낮과 밤이요, 해와 달이요, 남자와 여자이다. 그러므로 사주 해석에서 운을 받아들이고 영향받는 인간은 남자의 처지와 여자의 처지가 달라진다. 똑같은 우주의 시점으로 본다면 지구 한쪽이 낮이 될 때, 반대편은 밤이 되므로 똑같은 운을 맞이하여 쓰더라도 남자와 여자는 정반대의 관점에 놓이니 견해 차이가 생기는 것이다.

음양적으로 남자는 양(陽)에 해당이 되고, 여자는 음(陰)에 해당이 된다.

 – 양은 음을 만나면 안정되고 반대로 양을 만나면 역동한다.
 – 반대로 음은 양을 만나면 안정되고 음을 만나면 역동한다.

양과 양이 만나면 양이 지나쳐 한자리에 머물지 못하고 심하게 역동하고
요동치며 심하면 늘어지고 처지게 된다.

음과 음이 만나면 음이 지나쳐 펼치지 못하고 오히려 굳고 멈추게 되며
더욱 지나치면 응축되고 깨지게 된다.

그러므로 남자는 陰운을 만나면 안정되고 편안하게 살아가려 하고, 여자
는 반대로 陽운을 만날 때 안정되고 편안하게 살아가려 한다. 여기서 말하
는 안정되고 편안하다는 말은 운이 좋고 잘된다는 의미가 아니라 심리적으
로 그렇게 움직인다는 뜻이다.

바꾸어 말하면 남자는 陽운을 만나면 도전하여 펼칠 기회가 오는 것이니
고생스럽기는 하지만 운명에 따라 크게 성공하기도 하고 고생스러운 삶으로
끝날 수도 있다. 여자는 陰운에 안정을 추구하고 웅크리면서도 더 많은 것을
주워담기 위해 동분서주하며 살아간다. 여자도 남자와 마찬가지로 운명에
따라 그렇게 열심히 살면서 잘 사는 사람도 있지만, 너무 궁색하고 절박한
모습으로 살아가는 사람도 있다. 반대로 여자가 陽운을 만나면 잘 살지 못해
도 여유만만하고 느긋하게 살아가는 것이다. 이는 삶의 형태를 말하는 것이

지 절대적 길흉화복을 말하는 것은 아니다.

‖ 예제 1 ‖

子	亥	丑	亥	乾
申	酉	戌	亥	子	(대운)

위 사주는 남자 사주이다. 남자 사주에 음기가 가득하고 운에서 다시
陰운을 만났다. 온도적으로 보면 음이 많고 木이나 火가 없다. 인생의 모습
을 보면 사회적 일은 안 풀리고 불만족스러울 것이다. 그렇지만 이 사람은
그리 고달프게 살지 않으려 한다. 오행 자체로 보았을 땐 남자가 음을 많이
얻어서 사회적으로 좋은 직업을 갖거나 빛나고 멋진 공간에 가서 살지는 않
더라도 그 안에서 음기의 덕을 보며 작아도 안정되게 살아가려 하기 때문이
다. 이 음양의 특성은 잘 산다 못 산다의 기준이 아니다. 못 살더라도 편하게
산다는 뜻이고 남자(陽)가 음을 만났으므로 음양의 조화를 이루어 그냥 편하
게는 산다고 보는 것이다.

위 예처럼 음양이 짝지어져 편하게 사는 것이 반드시 꼭 좋은 모양새라
고만 볼 수는 없다. 왜냐하면, 음양이 짝을 이뤘다는 것은 안정은 되었다 할

지라도 발전이 더뎌서 능률은 떨어질 수밖에 없다. 기초과정의 상생상극 이론에서 말하였듯 인생을 뒤바꾸는 힘은 상극이다. 그러므로 무엇이 꼭 좋다 나쁘다 구분할 수는 없다. 무엇이 없고 부족한 경우라고 가정했을 때 남자가 陰운을 걸어가면 역동성 부족으로 인하여 도전하려 하지 않고 안주하고 살아가려 하므로 어려운 상황이 닥쳤을 경우 인생을 반전시키는 힘은 부족하다. 그러나 사주 구조상 좋은 직장에 들어가서 안정적인 사회활동이 필요한 경우라면 陰운을 걸어갈 때 오랜 세월 안정을 추구하게 되니 陰운을 무조건 나쁘다고 볼 수도 없다. 다만 그런 형태로 살아간다고 이해하면 좋다.

‖ 예제 2 ‖

반대로 여자 팔자라면 음이 음을 만난 격이므로 인생을 열심히 살아가려 노력한다. 물론 위와 같이 모두 음으로 되어 있을 경우라면 음양의 조화가 깨져서 인생이 잘 풀린다고는 볼 수 없다. 다만 주변 글자의 조화가 좋다면 음대운을 맞이해서 인생은 잘 풀린다. 그러나 본인의 심리는 가난한 사람과 같아 마음이 궁색하다.

午	寅	未	未	乾
寅	卯	辰	巳	午	(대운)

위 사주는 남자가 여름에 태어났고 또 팔자에도 양기가 가득하다. 운 또한 陽운으로 걸어가고 있다. 양이 양을 만나니 기운이 차분하지 못하고 날뛰고 들뜬다. 한 곳에 머물지 못하고 떠돌거나 허황된 생각으로 가사를 탕진할 수 있다. 운에서 양을 만났다는 것은 자기 뜻을 세상에 펼쳐보기 위함이다. 그러나 적절한 음기의 조화를 갖추지 못하면 허황된 생각이 되고 또한 자기의 뜻을 지나치게 주장하게 되니 주변 사람과의 대립이나 분쟁의 발생도 잦아지게 된다. 그래서 직장생활보다는 자신의 사업이나 일을 해야 하는 경우가 많고 음양의 조화가 깨지면 산전수전 고생을 많이 하게 된다. 남자가 陽운을 걷는다는 것은 꼭 여름에 태어나지 않았다 하더라도 개혁하고, 극복하고 좀 더 멋지면서 성취하려는 야망을 갖게 된다. 그래서 남자는 陽운을 걸어갈 때 사서 고생하는 경향이 많다.

午	寅	未	午	坤
寅	卯	辰	巳	午 (대운)

여자 팔자가 陽운을 걸어가면 음양이 짝을 지은 것이므로 안정된 삶을 선택하고 살아간다. 일반적으로 여자도 양의 운을 걸어가면 대외적인 사회 활동에 관심을 많이 가진다. 대외적 사회활동이란 꼭 직업을 갖는다는 의미가 아니다. 취미생활이나 사회적인 일반 활동도 포함한다. 특히 여자가 巳 午未대운을 걸어가면 음이 양을 만난 격이므로 굉장히 편하고 안정된 삶을 살게 되며 혹은 남자의 덕을 보려 하거나 사회적 활동을 하려 한다. 위와 마찬가지로 돈 벌고 못 벌고, 또 성공하고 못하고는 다른 문제이다. 다만 속 편하고 즐겁고 여유 있게 살아가려 한다.

陽이란 사회성을 의미하는 것으로 가정보다 대외적인 성질을 가진 것이다. 그러므로 남자가 양이 편중되면 자신의 주장이나 의견이 지나쳐 일반 직장생활이나 사회 제도에 잘 적응하지 못하고 자신의 길을 개척하며 살아가려 하게 되면서 고생을 사서 하는 경향을 띠게 된다.

陰이란 가정이나 안정적 의미로서 대내적 성질을 가졌다. 그러므로 여자가 음이 편중되면 가정에서 양기(남자)의 덕을 잃게 되는 경향이 생겨 가사를 책임져야 하거나 집에서 살림하더라도 늘 불만족스러운 마음을 느끼므로 가만있지 못하고 밖에 나가 사서 고생하는 경향을 보이게 된다.

　남자는 陰운을 만났을 때 안정되게 살아가려 하게 되어 편안하며 차분하게 일을 진행하는 것이고, 여자는 陽운을 만났을 때 안정되고 편안함을 얻게 되어 삶을 차분하게 살아가려는 경향을 띠게 된다. 이것은 음양의 조화이며 중화(中和)의 의미에 해당한다. 다시 한 번 강조하지만, 남녀의 음양 관계는 삶의 모양이며 그 사람이 느끼는 심리적인 상태이지 부귀빈천과는 다른 차원의 이야기이므로 조건 없는 길흉의 척도로 보아서는 안 된다. 남자가 陰운을 만났을 때는 현실적 모양을 비교적 유리하게 사용하나 사주 전반적으로 불리한 모양을 취하였다면 그저 하는 일 없이 놀고먹는 경우로 해석될 수 있기 때문이다.

　하도낙서에서 낙서는 상극의 논리이며 상극이란 음양의 조화가 깨졌을 때 일어나는 자연적 현상을 말한다. 삶의 성공이나 성취는 음양이 꼭 안정되었을 때만 오는 것은 아니다. 항상 부족하다고 느낄 때 역동성이 발생하고, 도전하고, 쟁취하려는 과정에서 큰일을 이루고 만들어낼 수 있으므로 남자가 陽운이라고 꼭 좋다 또는 나쁘다는 식으로 결론지어서는 안 될 것이다. 무언가 음양이 한쪽으로 기울었다는 것은 반대로 채우려는 강한 반발성으로 나타나기 때문에 크게 고생을 할지라도 사주에서 음양오행의 소통이 이루어지고 순환만 잘 이루어진다면 큰 가치는 이루어낼 수 있기 때문이다.

3. 조후(調候)와 억부(抑扶)의 개념

1) 조후적 관점

조후라는 것은 음양적 개념으로서 사주체와 대운을 대비하여 한난조습(寒暖燥濕)을 판단하는 법을 말한다. 가령 겨울 태생이 陽운을 만나면 조후를 채운 것이고 陰운을 만나면 조후를 상실한 것이다. 반대로 여름 태생이 陽운을 만나면 조후를 상실한 것이고 陰운을 만나면 조후를 채운 것이다. 조후라는 것은 한난조습에 의한 인간의 정신적 작용을 말하는 것이고, 오행적 관점은 육체적 작용을 말하는 것이기 때문에 조후를 통해 인간의 정신적인 충만함과 허결을 바라봄으로써 그 사람의 정신적 관점을 이해하여야 한다.

대운에서의 조후는 그 시기에 갖는 인간의 마음과 그로 인한 심리적 상황에 의한 행위를 말하는 것인데 조후가 맞추어졌는지 아닌지가 사주해석에 대단히 큰 영향을 미치게 된다. 조후가 맞추어졌다면 음양이 화합하여 안정되고 심리적 육체적으로 바르며 원만한 마음과 행위를 하게 되지만, 반대로 조후가 맞추어지지 않으면 음양이 서로 화합하지 못해 삐뚤어지고 집착하는 심리와 행위가 생겨나 삶이 그만큼 바쁘고 고달프며 편향적인 행위로 나타나게 된다.

겨울 태생이 가을의 운을 걷고 있다면 온도적으로 차가우므로 정신적으로 만족감이 없을 것이다. 겨울 태생은 본시 차갑고 황량한 계절에 태어나 따뜻하고 포근한 여름의 상황을 그린다. 그것은 폭넓은 대인관계를 뜻하며 사회적으로 밝게 드러나는 것을 말한다. 그런데 겨울 태생이 金운을 가고 있다는 것은 조후적으로 맞지 않으니 현재 자신의 환경이 좋을지라도 좋다고 생각하지 않고 마치 추운 곳에서 벌벌 떠는 사람처럼 행동하게 된다.

여름 태생이 가을과 겨울의 운을 가고 있다는 것은 원하는 길을 걷고 있다는 것이다. 많은 대인관계나 활동성으로 지친 심신의 피로를 조용히 휴식하며 지내는 것이니 정신적으로 괜찮다고 생각한다. 그러므로 마치 자신이 얻을 것을 다 얻은 것처럼 생각한다. 상황이 좋지 않더라도 그것을 비관적으로만 생각하려 하지 않고 좋은 쪽으로 생각하려 하며 좀 더 원만하고 평화적으로 문제를 해결하려 한다. 그러나 木火운으로 흘렀을 경우 매우 욕망이 크고 치열하며 전투적으로 살아가게 된다. 비록 자신이 환경이 좋고 사회적으로 성공적인 경우일지라도 더운 여름에 햇볕에 나가 있는 사람처럼 어떤 상황도 만족스러워하지 못하고 자신의 상황을 비관적이고 권태롭게 생각하게 된다.

봄 태생의 조후를 보는 방식은 겨울이나 여름을 보는 방식과는 좀 다르다. 봄이란 본시 만물이 소생하고 펼쳐나가는 시간이므로 봄 태생은 근본적으로 활짝 펼쳐진 火운으로 달려가려고 한다. 그래서 봄 태생이 火운을 만나면 하고 싶은 일을 하고 살아가는 것이다. 그러나 사주 원국에 金水의 조화가 잘 갖추어지지 않았다면 운에서 火운을 만나는 것이 도리어 화(禍)가 된다. 즉, 木火가 태과하여 발생지기(發生之氣)와 혁희지기(赫曦之氣)가 되어 버린다.

봄 태생이 金운을 만나게 되면 습기를 없애주고 木의 지나친 발전을 통한 부실을 견제하니 필요 없는 인간관계는 정리하고 실리와 안정을 추구하며 한 가지 일에 집중하게 된다. 그러나 火의 조화를 얻지 못하면 소소한 일을 하면서 발전과 장래성이 부족할 것이다. 그렇지만 부족했던 金을 얻은 것이니 조바심 많은 木이 느긋해지고 괜찮다고 생각한다. 水를 만나면 자신의 이상이나 욕망과는 반대되는 운을 맞이한 것이니 안정적인 삶을 추구하더라도 내면에서는 항상 부족한 느낌이 든다. 타인을 보좌하고 돕고, 지원하며 살아가지만, 봄날에 태양을 보지 못하니 깊은 내면까지 만족할 수는 없다.

가을 태생은 결실과 결과를 얻은 사람의 마음이니 필요 없는 인간관계가 생기는 것을 꺼린다. 가을은 오곡백과가 풍성한 계절이므로 내면에 자기만족과 풍요가 가득하다. 그러므로 외부의 간섭이 필요하지 않다. 오직 내면의 세계에 집중하고 나 자신과 나를 둘러싼 가족들과 그 풍요를 즐기면서 살면 더는 바랄 것이 없다. 가을 태생들이 바라는 것은 휴식과 평화다. 가을은 궁극적으로 水를 향해 나아간다. 그래서 水운을 만날 때 원하는 일을 하고 살아간다고 보아야 한다.

가을 태생이 金운을 만나면 결실과 결과에 대한 집착이 강한 것이니 외적으로는 조용해도 내적으로 치열하게 경쟁한다. 火운을 걸어가면 사회적으로 큰 결실을 얻기 위한 것이니 가을 태생 입장으로는 원치 않는 모임이나 회식 자리에 나가는 격이며 출세와 성취를 위해 어쩔 수 없이 많은 인간관계를 가지게 되는 격이다. 그러니 가을 태생 입장에서는 火운을 만나면 성취와 휴식이라는 상반된 입장에서 갈등하게 된다. 木운을 만나면 작은 세계 속에서 살던 숲이 새로운 도전을 하게 되는 것이고, 단단하고 폐쇄적인 숲이 물러지는 것이니 개방적이고 창조적으로 바뀐다. 이는 타인에게 간섭받기 싫은 숲의 방어기제가 사라지고 열린 마음이 자리 잡기 때문이다. 그러므로 가을 태생의 입장에서 木운을 만나면 유연해지고 새로운 것을 받아들이게 되는 것이다.

2) 억부(抑扶)적 관점

抑이란 억누른다는 뜻이고 扶는 돕는다, 또는 다스린다는 뜻이다. 일반적으로 억누른다는 의미의 운은 관성운과 인성운을 말한다. 관인이란 제어당하고 스스로 조절하는 것으로서 목표를 위해 참고 견디어내는 것을 말한다. 보통 시간과의 싸움, 경력, 노하우, 이권 등 과거의 경력이나 업적이 밑천이 되어 타인에게 큰 영향력이나 권리를 행사할 수 있는 것들을 의미한다. 그래서 일간을 抑하는 운에는 오랜 기다림이 필요하므로 스트레스도 많고 심적으로 어려움이 많지만, 사회적으로 무언가를 크게 이룰 수 있는 운이기도 하고 번영을 오래 유지할 수 있는 운이기도 하다.

扶운은 일반적으로 비겁운과 식상운을 말한다. 자신이 주체가 되고 목표를 설정하여 꿈을 현실로 이루어나가는 것이니 사업을 통해 이득을 얻거나 직접적인 재능이나 기술을 가지고 능력을 펼쳐 나가는 운이다. 그래서 扶운은 타인과의 지나친 경쟁을 통한 스트레스와 많은 일을 소화해 냄으로써 언어지는 육체적 활동이 주를 이룬다. 抑운이 장기적인 관점에서의 결실을 바란다면 扶운은 단기적인 목표를 가지고 결실을 이루어낸다는 점이 다르다. 참고 기다리는 것만이 아니고 즉시 시행함으로써 목표를 바로바로 이루지만 그 결실 하나하나가 수명이 짧아서 계속 창조하고 만들어 나가야 하는 문제가 따른다. 또, 자기절제가 부족하여 애써 얻은 사회적 결과물을 많이 소비함으로써 그 번영을 유지하는 기간이 억운에 비해 짧다. 재성운은 억부의 모양이 함께 존재하는 운이다. 관인 소통이 되면 抑을 쓰게 되고, 식신생재를 하게 되면 抑를 쓰는 것이다.

억부는 삶의 방식을 말한다. 단순히 용신을 찾거나 억부의 관점 하나만으로 길흉을 논하는 것이 아니다. 운을 볼 때는 조후와 억부를 동시에 적용하여야 한다. 이 두 가지 관점은 삶의 해결 방식과 심리적 관점을 말하는 것이기 때문에 길흉의 절대적 척도는 될 수 없다. 다만 현재의 운은 어떤 상황으로 생각하고 어떻게 대처해 가려고 하는 것인지에 대한 분석의 도구이다.

4. 대운과 원국의 조화

사주해석에서 원국과 대운의 개념을 상세히 이해하고 있어야 한다. 사주 여덟 글자의 분석은 『지천명리 〈격과 그릇편〉』에서 설명했던 대로 그 사람의 타고난 본연의 모습을 파악하는 것을 말한다. 운이란 타고난 본연의 모습에서 변화를 일으키는 것이지 원래 없는 것을 있게 만드는 것이 아니다.

운은 도깨비 방망이가 아니다. 아무 준비도 안 된 사람이 운이 들어왔다고 갑자기 부자가 되고 출세하는 것은 아니다. 원래 타고난 기질에서 어떤 운을 맞이했을 때 어떤 기질로 변화되어서 결과가 어떻게 나타난다고 해석해야 할 것이다.

좀 더 이해를 돕기 위해 예를 들어보면 원래 사주에 火를 가지고 있으면 세상의 질서와 문화에 발맞춰 나아가고 남들보다 앞서갈 수 있는 기운을 가진 사람이라 할 수 있다. 그래서 火를 가진 사람은 원래 출세나 인기를 지향하는 기질을 타고났고 그와 관련된 처세나 행위를 잘할 수 있다. 그러므로 맨 처음 직업의 선택에서부터 사회적으로 인정받고 남들보다 앞서 나갈 수 있는 직업을 선택하게 된다. 그렇게 인생의 틀을 잡은 사람이 운에서 木이나 火운을 만난다면 원래 가지고 있는 火의 기질을 유감없이 발휘하게 되어 세속적이고 출세 지향적으로 나아가게 되는 것이고, 그 사람은 인생을 그렇게 살아가는 것이 좋다고 믿는다. 그러나 사주 원국에 火를 가지고 있지 않으면 세상 질서와 문화에 맞춰 나가며 살아가는 사람이 아니다. 그러니 자유롭고 특별한 자기만의 영역에서 살아가게 되는 것이고, 그러한 기질과 특성 때문에 유명 조직이나 세상 사람들이 선망하는 직업이 아닌 자신이 좋아하는 전문적인 직업을 갖게 된다. 그러한 사람이 운에서 火운을 만난다면 자기만의 영역이나 전문성을 대외적인 것으로 발전시키는 것이다. 그러나 원래 火를 가지고 있지 않다는 것은 세상사 복잡한 일에 관여하기 싫어하고 세속과 잘 타협하지 않으면서 살아가기 때문에 처세가 부족한 것인바 원래 火의 기질을 가지고 태어난 사람에 비해서 잘 사용하지 못할 수 있고, 자기 자신도 火의 환경을 펼쳐 나가면서도 많은 사람과의 교류를 권태롭게 생각한다.

만약 사주에 水가 있는 사주라면 삶을 준비하고 조절하고 인내하는 힘이 강하다고 봐야 한다. 水는 안정과 편안함을 지향하며 남들에게 자신의 존재가 드러나는 것을 원치 않는다. 오히려 편안하게 자신이 원하는 것을 하는 것만으로 만족하며 살아간다. 또한, 먼 미래를 위해 오랫동안 준비하고 대비하며 살아간다. 水는 자신의 축적된 에너지로 후방에서 지원해주는 것을 좋아한다. 火는 타인을 이끌고 앞서나가는 것이라면 水는 후방의 지원병인 것이다. 火는 앞서는 사람이지만 때로는 총알받이가 될 수도 있다. 그러나 水는 후방에서 지원하니 극단적인 충격이나 사건의 주인공이 되지 않는다. 비록 화려하지는 않을지라도 늘 안정적인 것이 水다. 사주에 水를 가지고 태어난 사람은 그러한 기질과 기운을 갖고 있다는 뜻이다. 그러한 사람이 운에서 金을 만난다면 金生水를 받으며 水의 기질을 잘 쓰며 살아갈 것이다. 그러나 원국에 水를 가지고 태어나지 않았다면 삶을 조절하고 인내하는 힘이 약해지기 때문에 계속된 움직임이 일어날 것이다. 즉, 충전을 위한 시간을 갖지 않으며 쉬지 않고 달려가는 기관차와 같다고 할 수 있다. 먼 미래를 위해 현재 준비하지 않으며 무엇이든 즉흥적으로 처리하고 추진하는 경향으로 바뀌게 된다. 그러므로 발이 빠르고 눈에 보이지 않는 것은 믿지 않으려 하니 계속 현실 세계만을 달려가는 사람이라 할 수 있다. 밤은 죽은 듯 고요하고 멈추어 있는 듯해도 휴식의 시간이자 충전의 시간이다. 그러한 휴식과 충전이 없다는 것은 발진의 힘이 약하고 지속하는 지구력도 약해질 수밖에 없다. 팔자 원국에 水를 가진 사람은 그렇게 지속적인 안정성이 보장되는 직업을 선택하게 되지만 없는 사람은 안정성보다 즉흥적이거나 인기와 유행을 따르게 된다. 그래서 한때 번영은 있을 수 있으나 그 번영이 오랫동안 유지되지 않는다. 운에서 水를 만나면 그때 안정을 추구하고 발진하려는 욕구를 조절하겠지만 답답해하고 조바심을 낸다. 또한, 운이 끝나면 다시 조절력을 잃어버리게 될 것이니 결국 火기가 강해지면 혁희지기(赫曦之氣)가 되어 모든 것이 흩어질 수 있다. 사주에 원래 水를 가지고 있는 사람이면 운에서 火를 만났다 할지라도 혁희가 되지 않는다.

육친적으로 설명하면 원래 사주에 재성이 있는 사람은 재성을 잘 쓰고 활용할 수 있는 사람이기 때문에 재성운이 와도 무난하게 잘 쓴다. 그러나 원래 사주에 재성이 없는 사주의 경우 재성운이 왔을 때 재성을 다루는 환경 속에 살아가지만 원래 가지고 태어난 것이 아니니 불편해하면서 그 운을 해소해 나간다. 그러므로 똑같이 재성운을 쓰더라도 원래 가지고 있던 사람과 그렇지 않은 사람과의 결과는 차이가 벌려질 수밖에 없다.

대운의 길흉이나 성패 여부는 오행의 조화와 소통이라 하였다. 사상의 중심에는 土가 있고, 土는 주재자이므로 내 의식의 주체가 된다. 사주 원국이 편중되었거나 대운의 작용으로 오행이 한쪽으로 편중되어 버린다면 土는 중심을 잃고 편향된 태도를 보이게 됨으로써 자연의 조화와 순환을 오히려 방해하는 결과를 초래하게 되는 것이다. 그것은 지나친 욕심이고 지나친 이기심이며 지나친 에고라 할 수 있다.

사주는 기본적으로 사주 원국을 잘 타고나는 것이 무엇보다 중요하다. 모든 변화는 가지고 있는 원국의 변화이니 만약 사주 원국을 편향되게 갖고 태어난다면 운에서 어떠한 글자가 오더라도 오행의 완전한 소통을 이루어내기 어려워서 평생 잘 살기가 어렵다. 다행히 한 글자 정도만 부족하게 태어났다면 운에서 그 부족한 글자를 채울 때 가난했던 사람이 부자가 되기도 하고 높은 지위를 얻는 벼락출세를 하게 되는 것이다. 다음 예제를 보고 이해도를 더 높이기 바란다.

‖ 예제 5 ‖

戊	癸	己	壬	
午	亥	酉	寅	乾

위 사주는 현재 지방 건설업체 대표이며 젊은 시절부터 사업을 시작하여 현재 큰 매출을 올리고 있다. 酉월의 누시에 태어났으니 조후가 잘 맞았고 오행적으로 모든 글자를 다 갖고 태어났다. 그러므로 모든 운을 원만하게 잘 소화해낼 수 있고, 운의 특징에 따라 큰 성과를 거둘 수도 있다. 그 이유는 어떠한 오행이 와도 오행의 소통이 크게 훼손되지 않는 형태이기 때문에 좋

지 않은 운이 왔을 때도 그 시기를 어렵게 지나갈 수는 있으나 망하거나 크게 그르치지 않는다. 다만 아쉬운 것은 천간의 모습이다. 천간은 이상이고 꿈이다. 지지는 천간의 이상을 실현해가는 실무처다. 이 사주는 천간에 木火를 갖고 태어나지 않아 삶을 실리 중심으로만 살아가게 되어 그 모습이 전국을 아우르는 대단한 유명 기업으로까지 성장하지 못하는 것이다. 이 사람은 그런 것을 바라지 않는다. 허울 좋은 인기나 유명보다는 알차고 풍요로우며 내 가족과 직원이 잘 먹고 편안하게 살면 그것으로 만족하기 때문이다.

‖ 예제 6 ‖

丙	戊	乙	壬	
辰	午	巳	辰	乾

癸	壬	辛	庚	己	戊	丁	丙
丑	子	亥	戌	酉	申	未	午

위 사주는 巳월의 辰시에 태어났다. 巳월은 여름의 문턱으로 문명의 교류가 활발한 때이다. 그러한 시점의 아침에 태어났으니 매우 부지런하고 문명의 불꽃을 크게 밝히려는 활발한 기운을 가졌다고 할 수 있다. 사주가 辰巳午로 연결되었으니 木에서 火로 이어지는 연결성이 좋으며 구슬을 꿰어 놓은 듯 기운이 순일하며 역동성이 강하다. 오행적으로 水와 金이 빠졌는데

巳월은 金의 장생지절로 金을 生 하려는 기운이 강하기 때문에 金운을 만나면 금화교역이 일어나서 큰일을 성취해 나가고, 水를 만나면 안정을 유지하게 될 것이다. 천간의 구조는 水, 木, 火, 土의 기운이 투출되어 천간의 이상 또한 높으며 유명해지고 큰 성취를 이룰 수 있다. 위 사주는 학창시절 공부도 잘했고 戊申대운부터 발전하여 庚戌대운까지 큰 발전을 이루어내었고 현재는 상장기업 최고경영자이고 안정을 추구하며 기업 경영과 사회 문화 활동을 하고 있다. 만약 이 사주가 운이 역행했다면 중년에 木운을 만나게 될 것인데 그렇게 된다면 발생지기와 혁희지기가 되어 재물적인 큰 성취는 이루지 못했을 것이다. 그러나 다행히 운이 음운으로 역행하여 좋은 그릇에 음양의 조화를 갖추게 되어 사회적으로 성공한 인물이 되었다. 원국에 火의 세력이 강하면 원래 남들 보기 좋은 일에만 치중하게 되고 외세적인 성향으로만 흐르게 되는데 현재에도 기업 경영은 직원들에게 일임하는 편이며 자신은 강연 활동을 통하여 대중 앞에 서서 정신적인 이상을 추구하여 삶의 철학에 대해 강연을 한다. 그 또한 운이 좋아 회사도 잘 되고 대외적 활동에도 큰 허물이 생기지 않는다.

己	癸	丙	甲	
未	巳	寅	辰	乾

甲	癸	壬	辛	庚	己	戊	丁
戌	酉	申	未	午	巳	辰	卯

위 사주는 寅월의 未시에 태어났다. 寅월은 기운의 방향은 陽적이지만 현실적으로는 음이 득세하는 때이다. 그래서 寅은 火를 향해 달려가고자 하는 것이 목적이다. 寅월의 未시에 태어났으니 얻을 것을 얻은 것과 같아 심리적으로 만족스럽다. 그래서 성품은 착하고 유연하다. 그러한 상황에서는 결실을 거두어야 하는 것이 도(道)이고 바람직하다. 그러나 타고난 사주 원국에 金이 없다. [예제 6]에서는 巳중에 庚金이 장생해서 金氣가 있다고 하였으나 위 사주는 寅월이기 때문에 巳火가 있다 하더라도 金기가 활발히 작용한다고 볼 수가 없다. 그래서 위 사주는 무엇보다 金운을 만나야 한다. 그러나 운이 木火대운으로 흘러 결실을 보지 못하니 실속이 부족하다고 할 수 있다. 원국에 金이 없고 어려서 木운을 흘러왔기 때문에 어려서 가정환경 또한 불우했고 공부도 잘했다고 볼 수 없으며 인생에서 한 번도 발전과 번영이 있었다고 할 수 없다. 이 사주의 주인공은 좋은 직업을 갖고 살았다고 보기 어렵고 중년에 火대운을 만나 기운이 흩어지니 많은 소득을 올리지도 못했지만, 그것 또한 알뜰히 모으면서 살 것으로 보기 어렵다. 위 사주의 문제는

원국에 金이 없어 격이 낮아졌고 운 또한 金운을 만나지 못하기 때문에 번영하지 못한 것이다. 다행히 말년에 金운을 만나니 말년 운은 좋다고 할 수 있다. 寅월은 火를 보아야 한다고 했지만, 낮에 태어났기 때문에 火대운을 만나도 역동성이 부족한 것이며 오히려 게으르고 일신상의 즐거움만을 찾게된다. 사람은 용신운을 만나면 좋은 것이 아니라 만족하게 되는 것이다. 만족은 심리적인 영향이지 삶의 번영을 말하는 것이 아니다. 사람들을 관찰해 보면 어떤 이는 가난해도 느긋하고 열심히 살지 않는 사람이 있는가 하면 어떤 이는 재물이 많고 지위가 높아도 마치 가난한 사람처럼 허덕거리며 사는 이도 있다. 이것은 삶의 절대적인 수준보다는 정신적인 의식이나 심리가 그 사람의 행위를 결정하기 때문이다.

해석의 가장 큰 조건은 원국에서의 조건이다. 같은 寅월생일지라도 태어난 시간이 언제인지에 따라 추구하고 이루어 나가야 하는 조건은 달라질 수밖에 없기 때문이다. 만약 아침에 태어났다면 火운을 만날 때 삶을 열심히 살아가겠고 일을 크게 확장하려 하겠지만, 낮에 태어나면 火운을 만날 때 火가 중첩되어 안주하려는 성향으로 바뀌게 될 것이며, 밤에 태어난다면 등불을 밝히니 안정과 발전을 조화롭게 조절해 갈 것이다. 다른 월도 마찬가지로 그 절기의 특징을 파악하고 태어난 時(때)를 판단하여 그 사주에 필요한 요소가 무엇인지를 파악하고 원국에 있는지 또는 운에서 어떻게 작용하는 것인지를 판단하여야 한다. 단편적인 판단은 금물이다. 이러한 판단은 절기마다 가지고 있는 특징을 알아야 하고 눈에 보이는, 또는 보이지 않는 현상들을 깊이 헤아릴 때 더욱 깊이 파악할 수 있다. 단순히 겨울생이니 오행적 火가 필요하다고 해서 火운이 왔을 때 번영한다고 파악하면 판단의 오류를 범할 수 있다. 겨울 태생이라도 낮에 태어났는데 火대운을 만날 때 원국에 金이 없거나, 金이 있어도 水生木을 해줄 木이 원국에 갖추어지지 않으면 무용하다. 만약 위와 같은 조건을 갖추었다면 겨울의 낮에 태어난 사주가 火대운을 만나도 느긋하고 여유 있는 사람처럼 살지만, 여전히 번영은 지속되며, 어떤 운이 와도 큰 틀 속에서 번영이 흐트러지지는 않게 된다. 그러므로 사주 원국을 조화롭게 타고나면 평생 어떤 운이 와도 흔들림이 없고 사주 원국이 조화롭지 못하면 어떤 운이 와도 크게 대발(大發)하지 못하게 되는 것이다. 그리고 어떤 한 가지 오행이 부족한 오행이라면 운에서 그것을 채워주는 운이 올 때 벼락출세나 큰 번영이 오지만 그 운이 끝날 때 급격하게 패퇴하게 된다. 그러므로 운은 타고난 팔자를 운용하는 후천적 변화가 되는 것이다. 후천은 선천을 바탕으로 삼기 때문에 선천적으로 어떤 인자를 갖고 태어났느냐에 따라 후천적 변화가 크고 장대할 수 있고, 작고 미천할 수도 있다.

申	巳	酉	午	乾

가령 위 사주의 구조를 보자. 가을날 오후 시간에 태어났다. 酉월은 건조하고 서늘한 때이다. 건조함을 달래기 위해서는 水가 필요하고 만물의 지나친 수렴에 의한 견성을 막기 위해서는 木, 火의 조화가 무엇보다 필요하다. 만약 위 사주에서 水운을 만난다면 건조함은 해결하지만, 木이 없어서 유연지기(流衍之氣) 즉, 水의 태과를 초래하게 된다. 또 木운을 만난다면 木生火, 火克金은 되지만 水는 허결하고 양은 태과하여 번영을 지키지 못하게 되며, 金운은 만물이 굳어버리는 견성(堅成)이 되어 깐깐하고 답답해진다. 火운을 만나면 水는 허결해지고 火는 木生火를 받지 못하니 혁희(赫曦)가 되어 火克金으로 金이 모두 분산되어 큰일을 벌여 가사를 탕진하게 된다. 그러므로 위와 같은 사주 구조라면 그 중 水운에는 인색하고 답답해도 서민층으로 생활은 유지하게 되니 무난한 운이라 할 수 있고, 木운에는 한 시절의 번영과 한 시절의 몰락을 동시에 겪게 되니 좋은 시절과 나쁜 시절이 있게 되고 나머지 운은 어렵게 살아가게 될 것이다.

申	巳	酉	寅	乾

위 사주는 [예제 8]과 비교하여 년만 달라졌다. 달라진 것이라면 년지에 寅木이 자리하게 됨으로써 金이 견성(堅成)이 되는 것을 견제하고 있다. 다만 아쉬운 것은 오행적으로 水가 부족한 것인데 운에서 水운을 만날 때 큰 번영이 일어난다. 물론 천간의 조화도 번영의 상황이나 크기를 결정하는 요소이기는 하지만 일단 지지의 조건이 만족하게 되면 현실적인 만족을 충족할 수 있게 된다. 위 사주가 가령 木운을 만난다면 번영과 몰락이 있겠지만 이 사주는 원래 원국에 木을 가지고 태어났기 때문에 몰락해도 새롭게 일어서는 힘이 [예제 8]과 비교해서 좋다고 볼 수 있고 木이 견제된 상황이므로 몰락의 크기도 적다. 또 火운을 만나면 木生火를 받았기 때문에 火의 세력이 허상이 아니다. 그러므로 결과가 크고 지속성도 유지하게 된다. 다만 水가 부족하므로 소비와 지출도 크게 일어나면서 유지해 간다고 볼 수 있다. 운에서 金을 만나면 물론 좋은 운이라 할 수는 없지만 원국에 木이 金을 견제하고 있어서 견성이 [예제 8]과 비교하여 강하게 일어나지 않는다. 水운을 만났을 때도 亥운과 丑운은 寅木과 조화를 잘 이루기 때문에 더욱 잘 쓰고 子운에는 寅木과 격각되어 亥운이나 丑운에 비해 번영이 작다

고 할 수 있다.

5. 대운에서의 합형충파해(合刑沖破害)

대운에서의 합형충파해는 그 대운에 일어나는 삶의 큰 환경적인 변화나 인생의 큰 흐름을 사건적으로 표현한 것을 말한다. 인생을 살다 보면 모였다가 흩어지고, 만났다가 헤어지고, 갈등하고 타협하며 살아가야 하는 일이 생긴다. 그런 변화와 사건을 해석하는 수단이 대운에서의 합형충파해다. 예를 들면 직업이 바뀐다든지, 결혼한다든지, 또는 이혼이나 사별을 한다든지, 큰 질병이나 사고가 생긴다든지 하는 등의 인생의 큰 변화와 사건을 말한다.

사주의 천간과 지지의 글자들은 자연의 기운을 문자로 상징해 놓은 것이기 때문에 일정한 조건에서는 서로 상생하려는 특징을 갖게 된다. 가령 寅은 亥를 보면 자연스럽게 합을 하는 동시에 水生木을 하는 작용을 하지만 子를 만나면 상생하기보다는 격각하며 대립하기 때문에 水生木의 과정을 원만히 수행하지 못한다. 水는 자연적 상황에서는 木을 생하는 것이 원칙이지만 인간은 단지 천간지지 여덟 글자만 가지고 태어났기 때문에 불완전한 상태에 놓이게 된다. 水가 운에서 왔을 때 팔자에 木이 없고 火만 있다면 水克火, 극이나 충을 한다든지 木이 있다 하더라도 卯만 있다면 子卯형, 변극이 발생하여 버리니 이 또한 순리적인 삶이라 할 수 없게 된다. 이렇게 되어서 우리의 삶은 상생의 흐름을 벗어나 어떤 변화나 갈등과 모순을 만들어내기도 하고 또 이별과 분리를 겪으면서 다시 새로운 만남을 통한 새로운 삶이 시작되는 것이다.

1) 대운에서의 합(合)

대운에서 운명은 보이지 않게 상생의 작용을 하려는 가운데 합을 가장 우선시하며 따라간다. 그래서 대운에서의 합은 그 대운에서 가장 활발하게 쓰이게 되고, 그 사람에게 끌림으로 작용하게 된다. 고로 대운이 바뀔 때마다 원국에 있는 글자와의 합이 변화하게 되므로 새로운 인연을 맺기도 하고 맺어진 인연과 헤어지기도 한다.

‖ 예제 10 ‖

戊	癸	丙	甲	
午	巳	寅	辰	乾

壬	辛
申	未

가령 위 사주의 경우 辛未대운을 만나면 천간에서는 丙辛합을 하여 형이상적인 요소는 그 때 운에 丙火를 주도적으로 사용하였지만, 壬申대운을 만나면 丙壬충을 하여 분리되고, 壬水는 甲木을 생하는 작용으로 바뀌게 되

며, 申金은 巳火와 합하여 사주 내에 巳火를 주도적으로 쓰게 된다. 이런 변화는 보통 큰 변화로 나타나게 된다. 왜냐하면, 未는 火대운이고 申은 金대운이라는 오행적 큰 틀이 달라지기 때문이다. 또한, 사주 내에서 午火를 쓰는 것은 시지의 글자를 쓰기 때문에 보통 먼 곳이나 해외 등으로 해석하고 천간의 戊土가 관성이 되니 조직사회와 인연하여 활동하는 삶으로 해석된다면, 巳火는 일지에 있으므로 집안사람이나 부인으로 해석하고 壬申대운의 申金이 인성의 형태이면서 지장간의 壬水가 록(祿)의 역할을 하니 사업적으로 큰 변화가 있음을 알 수 있다. 그러므로 인생의 모습으로 비추어 본다면 삶의 큰 변화가 아닐 수 없으며 대운의 변화는 인생의 큰 환경적인 변화를 가져온다는 것을 알 수 있다.

대운의 합형충파해 그리고 신살 등을 간단히 정리하면 아래와 같다.

① 합 : 대운에서의 합은 끌리는 것 또는 인연하는 것을 말한다. 대운이 바뀔 때마다 팔자 내에 있는 글자와 인연하여 변화를 추구한다.

② 형 : 그 시기에 억지로 끼워 맞추거나 강제성, 충돌, 압력을 통한 문제 해결이나 직업적 상황을 쓰며 살아가고, 때론 권세를 갖게 되기도 하고, 부정적으로 쓰일 때는 사고 수술, 관재(官災) 등이 함께 발생하기도 한다.

③ 충 : 분리나 이별을 말한다. 그동안 해왔던 일이나 환경과 멀어지고 분리되어 더는 쓰지 못한다. 격각되는 글자도 충의 작용과 비슷

하게 작용한다.

④ 파 : 조정중재를 통한 역할, 내부적 교란. 분리되어 흩어진다.

⑤ 해 : 합을 방해하는 것이기 때문에 사주 원국의 합의 작용이 해가 오
는 대운에서 사라진다.

⑥ 원진 : 부조화 상태로서 모양만 유지되는 것. 보통 대운에서 짝짓는 글
자가 없을 때 호구지책으로 원진을 쓴다. 문제 갈등을 안고 가
지만 잘 해결되지 않는 것을 말한다. 원래의 기능을 잃어버린
상태에서 사용된다.

⑦ 공망 : 추상적인 것을 따라가는 것. 정신적인 것을 추구하는 것이다.

2) 대운에서의 충(沖)

대운에서의 충은 그 대운에서 충한 글자가 멀어지는 것을 말한다. 그래
서 주도적으로 사용하지 않는다. 일반적으로 바로 전 대운에서 합을 하였다
가 대운이 바뀌면서 충하거나 격각하는 경우 전에 하던 일을 그만두거나 보
직이 변경된다. 또한, 육친적으로 합을 할 때는 해당 육친과 함께 일을 도모
하거나 협력하고 공유하면서 살아가는 운이라면, 대운에서 충이 올 때는 그
육친과 관심이 멀어지고 그로 인하여 인연도 멀어진다. 대운에서 충은 나와
멀어진 것인데 세운이나 주변 글자의 영향으로 충을 당한 글자가 사용되는
경우도 있다. 그럴 경우 잠시 역마(驛馬)로 사용한다.

∥ 예제 11 ∥

戊	癸	丙	甲	
午	巳	寅	辰	乾

壬　辛
申　未

위 사주를 예를 들면 未대운에 午未합하여 午를 주도적으로 사용하였지만 申대운으로 바뀌면서 원국의 午와 寅은 격각, 충을 당하여 쓰지 않는다. 위에서 설명한 바와 같이 申대운은 巳火를 주도적으로 쓰게 되어 삶의 형태와 방향이 바뀌며 10년간 운명에 영향을 미치게 된다.

3) 대운에서의 형(刑)

대운에서의 형은 압력을 말한다. 일반적으로 생이나 합은 자연스러운 결합을 말한다. 주고받는 서로의 입장이 원활하게 이루어지는 것이 바로 생이고 합이다. 또 서로의 견해 차이가 완전히 달라 멀어지고 서로 간섭할 일도 없는 것이 충이다. 예를 들어 식당에 김치찌개를 먹으러 갔는데 주인은 돼지고기를 듬뿍 넣고 찌개를 맛있게 끓여냈고 손님은 찌개를 만족스럽게 잘 먹고 식대를 계산하고 갔다면 이것은 합이 되고 생이 되는 것이다. 그런데 어떤 사람은 한 번 먹고 그 집의 분위기나 서비스가 마음에 들지 않는다고 다시는 가지 않는다. 특별히 뭔가가 잘못된 것이 아니라 그냥 나의 취향과 맞지 않는 것이다. 이것이 충이다. 마지막으로 어떤 사람은 김치찌개를 시켰는데 음식에 대해서 항의를 한다. 고기가 적게 들어갔다든지 가격보다 음식이 조금밖에 안 나왔다든지 하면서 항의를 하는 것이다. 그래서 주인도 기분이 좋지는 않지만 어쩔 수 없이 서비스를 더 준다든지 음식 가격을 깎아줘서 상황을 해결한다. 이것이 형이다.

형은 압력이다. 그래서 조정하고 조율해 나가면서 깎고 맞추어 문제를 해결해 가야 하는 것을 말한다. 대운에서의 형은 그래서 큰 압력을 말한다. 큰 압력은 때론 큰 권세가 되기도 하고 큰일을 해내는 힘이기도 하다. 그러나 그 과정에서 자칫 잘못 쓰일 경우 관재구설이나 건강상의 수술, 시술, 교정 등을 해야 하는 상황이 발생하기도 한다. 이 또한 압력이며 그것이 신체적으로 왔을 때 그렇게 해석한다. 어찌 되었건 사람은 원만하고 순탄한 것을 좋아한다. 그래서 기왕이면 형을 선택하지는 않는다. 형은 벌어진 상황을 해결하기 위해서 어쩔 수 없이 뼈를 깎는 처방이 되는 셈이다.

戊	癸	丙	甲	
午	巳	寅	辰	乾

壬　辛
申　未

위 사주는 申대운에 사주 원국의 寅巳와 형이 되었다. 申은 巳와 합을 하기도 하지만 형이기도 하다. 전체적인 모습으로 寅巳申 형을 이루었다. 申과 巳는 합이기 때문에 申대운에 주도적으로 사용하면서 형의 모양을 갖게 된다. 뒤에서 세운에 관한 설명을 하겠지만 세운에서 寅이나 巳를 주도적으로 쓸 때 형적인 조건이 발생하게 되는 것이니 申대운에는 10년 중 많은 시간을 형적인 상황을 극복하며 살아가야 한다.

4) 대운에서의 파(破)

파는 결과적으로 보면 충과 별다를 것이 없다. 왜냐하면, 대운에서 잘 쓰지 못하고 멀어지는 것은 같기 때문이다. 파는 흩어지는 것을 말한다. 충은 정반대 편에 있는 글자와의 작용이기 때문에 힘의 우위가 일방적이라면 파는 측면에 자리 잡고 있으므로 일방적인 모습은 아니다. 그러므로 충이 서로 간의 생각이 완전히 상반되어 깨지는 것이라면, 파는 함께 하려는 마음은 존재해도 함께할 수 없을 만한 일이 생겨서 흩어지고 깨지는 것을 말한다. 때론 한쪽은 이득이 있고 반대쪽은 이득이 없는 관계가 됐을 때 그 관계는 결국 오래가지 못하고 깨지게 되는 것이다.

‖ 예제 13 ‖

戊	癸	丙	甲	
午	巳	寅	辰	乾

丁
卯

위 사주에서 卯대운을 만나면 시지(時支)의 午와 파를 한다. 卯대운으로 가정할 때 사주에 가지고 있는 글자에서 午는 파가 되어 그 운에 제 기능을 발휘하지 못한다. 卯대운에는 寅卯辰 방합을 지었으니 자연스럽게 어린 시절 그것을 활용하고 그 기질을 발휘하며 그 육친과 끈끈한 인연을 맺게 된다.

5) 대운에서의 원진(怨嗔)

대운에서의 원진은 갈등의 모습으로 나타나는 그 대운의 환경을 말한다. 갈등이란 어떠한 이해관계가 있을 때만이 발생하는 현상이다. 전혀 이해관계가 없는 대상과는 갈등이 일어나지 않으며 서로 간의 이해관계가 가깝고 친밀할수록, 또 경제적 이권이 크면 클수록 갈등을 해결하는 문제는 쉽지 않다. 인간의 문제는 반드시 경제적인 논리가 포함되고 감정적인 문제가 함께 존재한다. 예를 들어 갈등의 대상이 경제활동을 하는 과정에서 생겨난 인연이라면 그 갈등은 소송 등으로 해결하게 되지만 가족이나 오랜 친구라면 경제적인 논리를 포함한 감정적인 문제가 함께 발생하기 때문에 이러한 경우는 갈등의 모습도 오래가고 해결도 잘 안 되는 상황으로 전개될 것이다. 원진은 이해관계가 한 가지는 합을 하고, 다른 한 가지는 충을 하는 것이 기본적 모양이다. 지장간에서 합을 하였기 때문에 겉은 어떨지언정 한편으로는 합으로 얻거나 지키려는 마음이 있고, 다른 한편으로는 충으로 버리거나 상황이 끝나기를 바라는 마음이 있다. 예를 들어 연로한 부모의 병간호를 오래 하는 상황도 포함되고, 형제들 간의 재산 다툼도 포함되며, 사업을 하면서 어쩔 수 없이 불공정 거래에 휘말리는 것도 원진에 포함된다.

그래서 대운에 의해 원진이 발생하면 일반적으로 분쟁, 갈등 등의 문제점이 발생한다. 일반적으로 합을 따라가지만, 대운에서 특별히 합하는 글자가 없을 때 차선책으로 원진이 된 글자를 따라 살아가기도 한다. 그 이유는 원진은 내면에서 합을 하는 모양이 있기 때문이다.

‖ 예제 14 ‖

未	子	寅	卯	乾

酉

대운에서 酉가 오면서 월지의 寅과 원진이 되었다. 위 경우는 酉대운이 왔을 때 원국에 있는 글자와 합이 될 만한 글자가 없다. 이럴 경우 어쩔 수 없이 寅을 원진하여 적극적으로 사용하게 된다. 일반적으로 합으로 짝지어진 상황과 비교하면 원진으로 그 운을 사용하게 된다면 원만한 운이라고 보기는 어렵다. 물론 원진보다 음양오행의 조화와 소통을 먼저 보아야 한다. 만약 음양오행적으로 소통을 어느 정도 이뤘다면 원진운에서 돈은 벌게 되지만 그 과정이 순탄치 않다고 보아야 할 것이고, 음양오행적으로 소통이 막혔다면 원진운에 돈도 못 벌고 갈등과 마찰도 함께 있다고 해석하여야 한다.

6) 대운에서의 공망(空亡)

대운에서의 공망은 20년간 오게 된다. 공망은 일반적으로 정신적인 것이나 해외 등으로 사용한다고 하였다. 공망의 해석에서 일반적으로 혼동하는 경우가 많아 공망을 보는 법에 대해 다시 한 번 정의를 내리면 다음과 같다.

공망이 원국에 있을 때는 그 사람이 가지고 있는 수단이 공망이기 때문에 공망적인 직업을 가졌다는 것을 의미한다. 일반적으로 정신적인 영역의 일을 하거나 보이지 않는 정보나 추상적인 것이 그 사람의 직업이 된다. 요즘은 컴퓨터나 인터넷이라는 무형의 가상공간이 존재하기 때문에 그러한 직업을 갖는 사람도 많다. 물론 완전히 철학이나 종교 계통으로 직업 삼는 사람은 이외에도 몇 가지 조건이 더 성립하여야 한다. 그래서 일반적으로는 무형의 직업이라고 말할 수 있다. 또, 원국에는 공망이 없고 운에서 공망의 운을 만났을 경우에는 일반적인 직종을 해외에서 사용하거나 무형의 수단을 결합하는 것으로 보아야 한다. 그러므로 원국의 구성이 어떤지에 따라 공망의 해석이 달라질 수밖에 없으니 대운에서 공망운이 온다고 해서 무조건 아무것도 안 된다는 식의 개념을 가져서는 안 된다. 왜냐하면, 계속 강조하지만 공망 이전에 음양오행이 작용하고 있어서 공망운이라 할지라도 음양오행적으로 소통이 잘 되고 있으면 정신적인 것이든, 무형의 것이든, 무엇이든 간에 일은 잘 풀리게 되어 있다.

‖ 예제 15 ‖

		丙		
未	子	寅	卯
酉	申		

원국에 공망이 없는 가운데 대운에서 申, 酉 공망 대운을 만났다. 그래서 본 명조는 현실에서 공망의 상황을 만나게 되는데 원국에는 공망이 없고 寅月의 未時에 태어나서 세속적인 상황에서의 공망을 말한다. 공망은 비세속적인 영역과 세속적인 영역으로 구분되는데 그것은 사주의 음양오행 즉, 팔자에 타고난 계절과 시간에 의해 결정된다. 그렇게 결정된 환경 속에서 정신적인 공망으로 사용되어 종교, 철학, 교육 등의 정신세계로 나갈지, 물질적인 공망으로 사용되어 세속적이면서 공망을 사용하는 보험, 인터넷, 정보, 부동산 등으로 나갈지를 판단하면 된다.

‖ 예제 16 ‖

	丙		
亥	子	寅	卯
	酉	申	

[예제 15]와 같은 寅月에 태어났지만 亥時에 태어났다. 운에서 공망 대운을 만나 日, 時의 水를 생한다. 寅月은 만물이 양광지(陽光地)로 발하고 생하는 시기이지만 亥時는 날이 저물어 잠시 휴식하고 충전하는 시간이다. 깜깜한 어둠이 깔려 있어 눈에 보이는 것이 아닌 눈에 보이지 않는 것이 삶의 도구가 된다. 봄철의 水는 만물을 기르고 살찌우는 것으로 쓰이므로 교육,

기획, 보험, 야간 요식업, 야간 서비스업, 각종 정보서비스 등으로 활용될 수 있다. 일, 시에 있는 관과 운의 재를 함께 쓰는 것이므로 무형의 인터넷이나 정보를 활용하며 해외나 종교 철학적인 조직이나 사회와 결합하는 사회활동이 이루어진다고 볼 수 있다.

‖ 예제 17 ‖

丁	庚	庚	戊	
亥	辰	申	戌	乾

寅	丑	子

위 사주는 가상으로 만들어본 사주이다. 위 사주는 사주 전체가 공망이다. 그래서 어떤 운이 오더라도 공망의 환경을 벗어나 살 수는 없다. 또한, 申월의 亥시에 태어났다는 것은 환경적으로 더운 계절의 밤이니 음을 그리는 마음이 크다고 할 수 있다. 당연히 육친적으로 식상의 행위를 추구하며 식상 위에 관성 丁火가 있으니 식상의 행위를 통한 관성(명예)을 추구하려 할 것이다. 여기서 알아야 할 것은 원국에 공망이 있을 때와 원국에는 공망이 없는 가운데 운에서 공망이 왔을 때의 차이점을 [예제 15, 16, 17]을 통하여 구분할 수 있어야 한다. 원국의 공망에서 육친적으로 구분을 해보면, 비겁이 공망이면 공망의 파트너와 함께하고, 록(祿)이 공망이면 사업의 속성이 공

망이고, 식상이 공망이면 다루는 아이템이 공망이고, 재성이 공망이면 활동하는 사회가 공망이고, 관성이 공망이면 직종(직업)이 공망이며, 인성이 공망이면 학문과 부동산을 공망으로 보아야 한다.

7) 대운에서의 신살(神殺)의 해설

원국과 대운의 조화로 이루어지는 합, 형, 충, 파, 해, 원진, 공망 등을 통틀어 신살(神殺)이라고 말한다. 신살은 글자와 글자가 만나서 생긴 사건의 모습을 의미한다. 자연의 현상은 生이지만 자연이 자연스럽게 순환하는 과정 이외의 변화하는 모습과 사건이 신살이다.

어떤 대운이 오면 원국의 어떤 글자는 합이 되고 다른 글자는 충이 되고, 또 다른 글자는 형이 되는 등의 현상이 동시에 이루어질 수도 있다. 이런 경우는 합은 합대로, 충은 충대로, 형은 형대로 해석해주어야 한다. 합은 반드시 좋고, 충이나 형은 반드시 나쁘다는 해석은 금물이다. 상황에 따라 합이 나쁠 수도 있고 충이나 형이 좋을 수도 있기 때문이다. 이러한 일은 거의 비슷한 시기나 동시에 일어나고 하나의 삶의 줄거리를 만든다. 음양오행이 큰 대세적 길흉화복이라면 신살은 그 대세 속에서 벌어지는 삶의 모양이나 사건·사고를 나타낸다.

丁	丙	丁	戊	
酉	戌	巳	午	坤

36	26
癸	甲
丑	寅

위 사주는 甲寅대운에 유명대학에서 박사과정을 밟았다. 甲寅대운은 사주 원국에 寅午戌 합을 지어서 午와 戌을 주도적으로 사용한다. 午는 년에 있으므로 그 분야에서 대표성을 가진 학교라 할 수 있고, 겁재가 인성과 합하고 년간에 식신이 있어 예능적인 분야의 박사학위이다. 일지의 戌은 집에서 프리랜서로 활동하는 일을 말한다. 위 명조는 癸丑대운의 癸丑년에 일본으로 유학길을 떠났다. 癸丑대운에 월지, 시지와 합하여 방향을 전환한 것이라 볼 수 있다. 甲午년에 다시 한국으로 들어와 조교로 활동하려고 다시 학교에 들어갔으나 지도 교수가 마음에 들지 않아 속으로 갈등하고 있다. 과거 甲寅대운에는 년지의 午와 합을 하여 아무런 문제가 없었으나 癸丑대운에는 년지가 원진한 상황에서 세운에서 午년을 만나 인연하니 원진의 상황이 발생한 것이다. 이처럼 대운은 자신의 큰 의지가 반영되는 것으로 과거에는 권위적인 그 사람과도 문제가 없지만, 대운이 바뀌어 자신의 처지가 달라

짐으로써 갈등이 생기게 되었다고 본다.

‖ 예제 19 ‖

丙	庚	丙	壬	
子	辰	午	子	坤

36 26
辛 庚
亥 戌

　　위 사주가 庚戌대운을 만나면 월지 午와 합하여 조직사회와 인연하여 직
장생활을 한다. 천간의 庚은 丙을 충하여 이름있는 관직이 아니다. 庚戌대
운에 학원 동영상 제작 회사에서 일하였다. 戌土에 辛金이 암장 되어 있어
록이 되어 사업적인 일도 하였다. 辛亥대운을 만나면 년, 시 子水와 합하여
식상을 쓰게 되는데 식상은 일지 辰土와 합하였다. 기술력을 가지고 감투를
갖게 되는 운이다. 辛亥대운은 辛이 丙과 합하여 유명한 조직 이름을 얻었
으니 조직사회에서 사업본부장까지 하였다. 이 사주도 대운이 바뀌면서 과
거의 인연을 버리고 새로운 인연으로 사회활동의 반경이 달라졌다. 또한, 辛
亥대운에 결혼도 하고 자식도 얻었다.

6. 대운에서의 육친(六親) 해석법

대운에서의 육친은 대상을 규정하는 것이다. 대운에서 오는 육친은 인생에서 주도적으로 사용됨으로써 그 대운에 중요한 가치를 갖게 된다. 반대로 그 대운에서 멀어져 버린 육친은 그 사람의 인생에 중요한 가치로 작용하지 않거나 중요한 가치를 가진 육친을 위한 수단으로만 쓰이게 된다. 또 육친은 삶의 방식을 정하는 수단이 되어 직업의 특징이나 인간적인 문제의 가치를 측정하게 된다. 그래서 무슨 운에는 특정 육친을 좋아하고 추구하게 되는 것이며 반대편의 육친에 대해서는 무관심하거나 추구하지 않게 되는 결과를 얻게 된다.

육친은 음양오행보다는 작은 개념으로 길흉화복을 결정하는 요인이 될 수 없다. 이를테면 재성운이 온다고 해서 돈을 번다고 해석하였을 때 맞지 않는 경우가 있는데, 음양오행의 조건은 배제한 채 육친적 속성만을 가지고 판단했기 때문에 오류가 생긴 것이다. 그것은 인간의 재물 습득이나 출세, 건강, 배우자 등의 절대적인 길흉화복의 문제가 어떤 메커니즘으로 결정되는 것인지를 제대로 이해하지 못하기 때문이다. 앞서 나온『지천명리〈격과 그릇편〉』에서도 강조하였듯이 인간의 부와 명예, 건강 등은 오행순환 문제에 달려 있다. 육친은 이러한 음양오행의 순환 과정에서 특정 오행이 결합하거나 빠졌을 때 결합한 오행이 육친적으로 무엇인가를 판단하여 무엇을 해서 잘됐다 또는 잘못됐다는 결론을 얻을 수 있다. 그러므로 육친은 대상이나 방식을 정하는 수단을 의미하는 것이지 길흉화복의 잣대가 될 수는 없다. 대운에서 특정 오행을 주도적으로 사용하게 되므로 그 육친 때문에 기쁨이 있을 수도 있고 괴로움이 발생할 수도 있다. 다시 말하자면 육친은 'What'과 'Who', '무엇'과 '누구'의 개념만 갖게 되는 것이지 '좋다', '나쁘다'의 개념으로 해석할 수는 없다. 즉, 친구(비견)는 육친의 개념이고 나에게 도움이 되거나 소통이 잘 되거나 하는 길흉의 개념은 음양오행의 개념으로 판단하여야 한다. 그 개념을 혼동하지 말아야 할 것이다.

1) 대운의 천간지지 육친의 개념

① 천간 비겁운

천간에서 비겁운을 만나면 투기적 심리로 인해서 큰 재물 벌이를 꿈꾼다. 또한, 동업하거나 형제나 친구와 함께한다. 운이 좋을 때는 동업을 하거나 협력하고 투자해서 이득을 내지만 운이 나쁠 때는 재물을 강탈당하고 빌려준 돈을 받지 못한다.

② 지지 비겁운

지지 비겁운은 일간이 록을 이룬다는 의미로서 내 뜻을 펼친다는 뜻이다. 보통은 자신이 하고 싶은 일을 하며 살아간다. 또한, 타인을 선도하는 분야로 진출하게 되고, 일반적으로 사업, 교육, 컨설팅 등을 말한다.

③ 천간 식상운

천간의 식상운은 무형의 재능이나 무형의 기술을 가지고 살아가는 것을 말한다. 일반적으로 여성은 자식을 위하며 남편을 무시하지만 남자는 여자에게 잘하려고 노력하는 운이다.

④ 지지 식상운

지지 식상운은 재능 중심(기술 중심)의 삶을 살아가는 것을 말한다. 전문성이나 기술을 직접 발휘하는 것을 말하고 상품이나 물건을 삶의 도구로 사용하며 살아가는 운을 말한다. 여자는 자신의 사회활동을 중요시하지만 자식생산 이후에는 자식 보육에 열중한다. 남자는 장모와 가깝고 부인의 뜻에 맞춰주며 살아가는 운이다. 어린 시절은 조모와 가깝게 지낸다.

⑤ 천간 재성운

천간 재성운은 넓은 사회활동을 의미한다. 정치, 경제, 사회적으로 넓은 영역을 확대해 가려 하고 사회적으로 우월한 지위를 얻기 위해 노력한다. 남자는 부인의 사회활동을 장려하고 부인에게 정신적으로 의지하려 하며, 여자는 남편의 사회적 번영을 위해 조력하고 지원한다.

⑥ 지지 재성운

지지 재성운은 실질적인 자신의 조직이나 세력을 가지고 살아가는 것을 말한다. 일반적으로 경영, 하청 거래처를 관리하여 타인이 나의 수고를 대행해주는 것을 말한다. 직장생활자는 부하 직원을 두게 되고 사업자는 직원을 두며 살아간다. 남자는 집안의 여자 눈치를 보며 여자가 중심이 되는 집안 환경 속에서 살아가고, 여자는 남편을 후방에서 적극적으로 지원하고 후원한다.

⑦ 천간 관성운

천간 관성운은 추상적인 명예나 인기를 따라가는 운이다. 일반적으로 자신의 명예를 높이는 것도 있지만 이미 인지도가 있는 곳과 손잡고 살아가게 된다. 일반적으로 직장생활자는 높은 직책을 얻기 위해 노력하고 사업자는 유명기업의 이름을 빌려 사용한다. 대리점, 프랜차이즈, 상표 사용, 회사에 납품, 회사에 용역 서비스 제공 등을 말한다. 남자는 여자에게 인정받기 위해 노력하고, 여자는 남편에게 정신적으로 크게 기대고 사는 운이다.

⑧ 지지 관성운

지지 관성운은 실지로 관직에 의지해서 살아가는 것을 말한다. 일반적으로 직장생활을 통해 삶을 영위해 가는 경우가 많고, 사업자는 자영업이 아닌 조직력을 갖추어 사업을 영위한다. 남자는 자식에게 의지하고 자식과 함께 살거나 가까이 지내며, 여자는 남편이 통솔하는 가정환경 속에서 살아간다.

⑨ 천간 인성운

천간 인성운은 이권이나 자격증 중심의 삶을 말한다. 일반적으로 자격증을 따서 그것으로 연결되는 직장, 학문이나 연구 관련, 교수, 부동산 투자, 특허 등을 말한다. 남자는 여자에게 무관심하고 자기 자신을 위한 일에 집중한다. 여자는 남자의 헌신을 요구한다. 남녀 모두 어른이나 윗사람에게 고개를 숙여 그 그늘에서 살아가려 한다. 천간 인성운은 심리적으로 타인에게 먼저 배려받고 인정받고 확인받아 심리적인 만족을 추구한다.

⑩ 지지 인성운

지지 인성운은 실질적으로 드러난 이권을 가지고 살아가는 것을 말하는데 임대업, 리스, 대여업, 출판업 등을 말한다. 즉 자리 빌려주고, 권리 빌려주는 사회 활동을 말하며 남자는 자식 덕을 보려 하고, 여자는 자식 부양을 귀찮아하고 남편 덕을 바탕으로 자신이 하고 싶은 일을 하며 살아가려 한다. 인성운에는 주로 시간이 오래 걸려 결과가 나오는 일을 하게 된다.

2) 육친의 결합과 혼용

대운에서 오는 육친은 사주 원국에 있는 육친과 서로 결합하고 결합하지 못한 육친은 신살의 작용으로 어우러진다. 일반적으로 대운에서 오는 육친과 사주 원국에 있는 육친의 합을 중심으로 현재의 진로나 방향을 보게 되는데, 육친적으로 한 가지가 아닌 여러 육친으로 구성하게 된다. 또한, 사주의 구성에 따라 두 가지 이상, 또는 모든 오행과 결합하여 소통되기도 한다. 그러나 만약 대운이 사주 원국의 어떠한 글자하고도 결합하지 못할 땐 사주 원국이 아닌 대운에서 오는 육친을 중심으로 삶이 전개된다. 왜냐하면, 운은 사주 원국을 운용하게 하는 외적 환경이기 때문이며 사주 원국과 결합하지 못하더라도 운에 따라 살아간다. 예를 들면 사주 원국에 식상이 없는 사람일지라도 운에서 식상대운이 오면 식상의 행위를 하며 살아간다. 그러나 원래 사주 원국에 있는 것이 아니므로 그 사람은 식상을 능숙하게 사용하지 못하지만 어쩔 수 없이 그 운에는 식상의 행위를 해야만 하는 상황이 생기게 되어 몸을 쓰게 된다.

대운과 원국의 결합으로 인해 그 시점에는 다양한 육친이 움직이게 된다. 그러므로 어떤 육친을 움직였느냐에 따라 해석해 가면 된다.

① 지지 중심의 육친 혼용

비겁+식상	나 홀로 사업성이면서 물건을 다룬다. 주로 몸 쓰는 일을 한다.
비겁+식상+재성	직원을 두는 사업을 하며 물건을 다룬다. 주로 몸 쓰는 일을 한다.
비겁+식상+재성+관성	직원을 두고 사업을 하는데 다루는 상품이 있고 회사 조직 시스템을 갖춘다.
비겁+식상+재성+관성+인성	경영자로 살아가는 운이다. 회사에 많은 직원과 제품이 있으며 조직 시스템도 갖춰지면서 사회적인 인준이나 특정한 권리, 결정권까지 갖춘다.

식상+재성	프리랜서 기술 전문인으로 살아간다. 직원이나 하청 거래처를 관리한다.
식상+재성+관성	회사에서 기술 전문인으로 살아간다. 회사에 관리하는 부하 직원이 있다.
식상+재성+관성 +인성	회사에서 기술 전문인으로서 살아가면서 부하 직원도 관리하고 일정한 결재권도 행사하는 자리에 있다.
비겁+재성	사업성인데 물건을 다루지 않는 사업이고 부하 직원이나 하청 거 래처를 두고 사업한다.
재성+관성	회사에서 중간 관리자로 일하며 직원이나 하청거래처를 관리하 는 일을 한다.
재성+관성+인성	회사에서 고위 관리자로서 결재권을 갖게 되며, 일하며 직원이나 하청거래처를 관리하는 일을 한다.
관성+비겁	사업성으로서 특정 회사의 대리점이나 프랜차이즈 사업을 하거나 직장에서 사업부를 이끄는 일을 한다.
관성+식상	직장에서 기술이나 전문성을 가지고 일한다. 승진이 의미 없는 직장을 다니게 된다.
관성+인성	승진이 의미가 있는 직장을 다닌다. 자격증을 가지고 직장을 얻는다.
인성+비겁	권리 사업, 이권 사업, 부동산 권리, 학문 사업을 하게 된다.
인성+식상	자격증이 의미 있는 기술 전문직, 프리랜서 고정납품 등 고정적인 일을 받아 하는 일을 한다.
인성+재성	권리를 파는 일, 네트워크 사업, 이권 소득 사업을 한다.

乙	庚	己	丁	
酉	辰	酉	未	乾

52	42	32	22
癸	甲	乙	丙
卯	辰	巳	午

위 사주는 20대부터 직장생활을 하였다. 지지 乙巳 관성대운은 원국의 酉金과 辰土를 합한다. 酉金의 천간 己土는 인성이고 지지는 록(祿)을 쓰며 辰土는 인성이면서 지장간에 癸水 상관과 乙木 정재를 쓴다. 정리해 보면 비겁+상관+재성+관성+인성 모든 오행을 다 쓰는 운이다. 그래서 이 사주의 주인공은 乙巳대운에 기업 교육을 하는 기업에서 본부장까지 활동하였으며 다음 대운에 이사가 되었으나 그 대운 중에 회사를 그만두었다. 비겁은 지도력을 발휘하는 일을 말하고 식상은 辰 중에 癸水가 되니 학문성이고 무형의 도구가 되며 재성도 辰 중 乙木이니 마찬가지로 무형이고 학문성이다. 그래서 이 사주는 기업 교육을 하는 기업에 다닌 것이다. 甲辰 대운으로 바뀌면서 본부장에서 운영 이사가 되었으나 기업의 실적악화가 계속되면서 辛卯년에 이사직을 그만두게 되었다. 현재는 명상, 단식 등을 하는 곳에서 강사가 되어 활동하고 있다. 甲辰대운에 직장의 의미가 약해지게 된 것은 관성이 희

미해졌기 때문이고, 辰酉합으로 록과 학문성을 주도적으로 쓰게 되었기 때문이기도 하다. 그러나 완전한 사업으로 돌아서지 않은 것은 辰의 양기가 관으로 작용하고 있어서 기업에 소속되어 활동하게 되었다.

‖ 예제 21 ‖

己	壬	己	甲	
酉	戌	巳	寅	乾

35	25	15
癸	壬	辛
酉	申	未

壬일간이 지지에 록을 얻지 못하였다. 지지에 지장간을 포함하여 관성 土가 많다. 월간에 투출된 것도 관성이기 때문에 이 사주는 운에서 록을 이루는 운을 만나기 전까지는 무조건 직장생활을 할 사주다. 壬申대운부터 유명 건설회사에 취직하여 아파트 건설현장 관리 일을 한다. 관리직으로 일을 한 이유는 申, 酉대운을 걸어갈 때 년지의 寅木은 충하여 사용하지 못하게 되었기 때문이다. 그러므로 상관을 쓰지 못하니 말과 머리로만 일하는 관리직이다. 육친을 살펴보면 재성+관성+인성을 쓰며 산다. 재성을 쓰니 하청 거래처 관리와 수하 직원을 다스리며 살아가고, 관성을 쓰니 직장생활을 하

는 것이고, 인성을 쓰는 것으로 보아 어느 정도의 결재권도 있다는 것을 알수 있다. 천간은 비견, 겁재운으로 흘러 회사 다니면서 부동산, 분양권 등에투자하여 이득을 보았다. 오행적으로도 초여름에 태어나 가을운을 걸어가니금화교역(金火交易)이 잘 이루어지고 있다. 다만 사주에 水가 부족한 문제가 있으나 戌土가 양이 날뛰지 못하도록 견제를 잘해주고 있으니 직장생활하면서 받은 월급을 잘 모아 재테크도 잘하였다. 운기가 水부족으로 인하여건조하게 흐르니 인색한 기운으로 변하기 때문에 재물은 잘 모은 것이다. 그러나 금화교역을 이뤘어도 큰 부자까지 되지 못하는 이유는 木이 무기력하기 때문이고 水가 약하기 때문이다.

‖ 예제 22 ‖

辛	丙	己	甲	
卯	辰	巳	辰	乾

50	40	30
甲	癸	壬
戌	酉	申

위 사주는 巳월에 태어나 록을 격으로 삼고 있다. 또한, 辰土 식신이 지지에 나와 있고 거듭하여 卯木과 합해 있다. 관성은 辰 중 癸水인데 水의 기

운이 약한 사주이기 때문에 직장생활보다는 사업할 가능성이 큰 사주이다. 또한, 사주에 많은 식신을 주로 사용하니 손발을 놀리는 직업이라 할 수 있고 기술과 전문성을 사용하는 사주다. 위 사주는 식신을 쓴다면 土를 쓰는데 巳월의 辰土는 癸水를 암장하고 있으며 酉, 戌대운을 걸어가니 타인을 먹여 살리는 일이다. 40대 癸酉대운에는 떡집을 운영하며 살아왔고, 50대에 운이 바뀌면서 자리를 이동하여 계속 떡집을 운영하고 있다. 육친을 살펴보면 癸酉대운에 巳와 辰을 합하여 쓰고, 卯는 충하였으나 辰과 卯가 합을 하니 卯도 소극적으로 사용하게 된다. 육친의 조합을 살펴보면 록+식신+재성+인성을 사용한다. 그래서 사업성이면서 기술을 쓰고, 하청 거래처를 두고 있으며 떡집 권리 영업도 하고 있다. 하청인 이유는 癸酉대운의 酉金이 천간에 癸水를 갖고 있어 회사나 조직이 거래처가 되어서이다. 위 사주는 교회 및 사찰 돌잔치 업체에 꾸준히 떡을 납품하였다. 위 사주의 경제력을 살펴보면 오행적으로 水가 빠졌다. 水가 없으면 木을 생하지 못하게 되므로 木의 기운 또한 약하기 때문에 발전과 변화를 지속해서 일으키지 못한다. 그래서 한 가지 일을 꾸준히 할 수는 있으나 항상 고정적인 틀에 머물러 살다 보니 큰 번영을 이루어낼 수 없다. 다만 火生土 土生金으로 결과를 만들어내는 능력이 좋으니 보통 평범한 자영업자의 수입을 거두고 살 수 있다.

7. 대운에서의 지장간

대운에서의 지장간은 더욱 복잡하게 얽혀 있는 줄거리를 푸는 열쇠이다. 모든 운은 한 가지로 구성되어 있기보다는 여러 가지 요소로 얽혀 있기 때문이다.

‖ 예제 23 ‖

예를 들어 위 사주의 경우 丙일주가 乙亥대운을 만났다면 천간은 정인운을 맞이한 것이고 지지는 편관운을 만난 것이다. 그러나 지지의 경우 지장간을 보면 단순히 편관만 있는 것이 아니다. 亥中 지장간에 戊甲壬이 들어 있으므로 외면적으로는 편관운이면서 내면에 식신과 편인의 성분이 섞여 있다. 만약 외면에 드러난 편관적 해석만 한다 하더라도 위에서 배운 육친의 해석법을 적용하여 관직 중심으로 살아간다고 해석할 수 있다. 그러나 그 내부적으로 행하는 구체적 상황은 암장 되어 있는 식신과 편인의 성분을 함께 해석할 때 더욱 구체적이고도 깊은 해석을 할 수 있게 된다. 그러므로 위 사주는 특별한 기술자격을 가지고 직장생활을 하는 것임을 알 수 있다.

‖ 예제 24 ‖

위 사주는 壬일주가 戊辰대운을 만났다. 戊辰 자체가 유명조직을 말하
므로 유명조직과 연관되어 살아가는 사람임을 알 수 있다. 지장간을 보면 辰
中乙木이 있으므로 기술성 전문성이나 구체적 물건을 가지고 살아가고 있
음을 말하고 癸水도 있으니 겁재이므로 사업성을 의미한다. 그러므로 대략
큰 회사에 물건을 납품하는 일을 하거나 큰 회사에서 기술성을 발휘하여 살
아가는데 그것이 실적 중심임을 암시한다.

이처럼 지장간의 요소를 잘 들여다봐야 이 사람이 살아가는 구체적인 상
황을 해석할 수 있다. 또 지장간이 사주 원국의 체(體)와 합형충파해 하는 요
소도 함께 해석하면 더욱 구체적으로 해석할 수 있다.

8. 반대편 글자의 해석

반대편의 글자는 그 대운에 가장 휴수(休囚)하고 무기력한 글자를 말한다. 만약 卯대운이라면 그 사주에서 木은 주도적으로 사용하는 것이지만 반대편의 金은 무기력해진다. 이렇게 되면 해당 육친은 관심이 멀어지고 내 인생과 점점 멀어지고 분리된다. 부부의 이별도 그렇고 부모나 자식과의 이별도 그러하다. 이런 상황은 좋은데 헤어지는 것이 아니라 귀찮고 싫어서 헤어지는 것이라는 표현이 더 적절하다. 또 이렇게 되면 내가 상대방이 원하는 것을 맞춰나가기보다는 상대방이 내 상황을 맞춰주기를 원한다. 다시 말하자면 자신에게 해줘야 할 권리는 바라면서 자신이 해야 할 상대방에 대한 의무는 하기 싫어지는 것이다. 그래서 운이 점점 멀어지는 과정에서 갈등이 생기기도 하고 결국 이렇게 반대편에 이르면 이별 분리가 되기도 한다.

사람은 일반적으로 잘 풀리는 일보다는 잘 풀리지 않는 일에 마음을 쓰며 집착하게 된다. 오행의 왕쇠강약(旺衰强弱)으로 볼 때 어떤 글자가 왕성하면 어떤 글자는 반드시 휴수무력(休囚無力)하게 되어 있다. 그것이 돌고 도는 삶의 원리다. 그래서 인생사에 만사형통이 없는 것이며 누구나 항상 근심과 문젯거리는 있게 되는 것이다.

왕쇠강약의 흐름은 일반적인 오행의 흐름으로도 볼 수 있지만, 더욱 세밀하게 보기 위해서는 12운성의 왕쇠강약을 적용하여 보아야 한다. 『지천명리 〈격과 그릇편〉』의 상생상극의 원리에서 다루었듯이 강하다는 것은 12운성상 운기가 강한 것을 말하며 약하다는 것은 12운성상 기운이 약한 것을 말한다. 여기서 주의할 것은 기운이 강하다고 해서 좋다는 뜻으로 해석하면 안 된다는 것이다. 12운성도 신살의 하나로서 방식과 특징을 정하는 것이지 길흉의 척도가 아니기 때문이다. 12운성적으로 강하면 해당 오행과 육친을 적극적으로 활용하는 것이고, 그 방식이 사주 전체 구조를 소통하고 안정을 시키면 그것을 통해 좋은 일이 생기지만 반대로 사주 전체 구조상 오히려 과잉되고 소통이 막히면 좋지 않은 일과 막힘이 생기는 것이다. 그러므로 12운성은 어떤 기운을 주도적으로 쓰며 현재 육친 중에 어떤 육친이 삶에 가장 강하게 작용하는지를 판단하는 원리가 된다.

운기	子	丑	寅	卯	辰	巳	午	未	申	酉	戌	亥
生	辛		丙	癸		庚	乙		壬	丁		甲
死	庚		丁己	壬		辛	甲		癸	丙		乙
墓		丁己庚			壬辛			甲癸			丙乙	

가령 子운기에 辛金은 生지로 힘을 얻고 있지만, 庚은 死지로 기운을 잃는 것임을 알아야 한다. 이처럼 극단에 놓이게 되면 육친적인 것을 따져 어떤 육친이 내 운명에서 현재 약한 운기를 맞게 되었는지 어떤 육친이 강한지 또 살아나는지를 알아야 한다. 이러한 12운성의 흐름은 육친적으로 부모 또는 형제가 될 수도 있고 가까운 친척이 될 수도 있다. 또한, 재물의 활용적인 부분이 될 수도 있고, 부동산으로 재물을 옮기는 상황이 될 수도 있

다. 庚은 午未를 걸어올 때 金이 강성한 시기는 아니지만 沐浴, 冠帶지가 되므로 庚金의 작용이 진행되고 있다고 보아야 한다. 또 戌亥를 갈 때 衰지, 病지가 되므로 기운이 쇠퇴하고는 있으나 아직 庚金의 작용이 끝난 것은 아니다. 庚金은 子에 이르러 사지가 되고 丑에 이르러 묘지가 되니 그렇게 기운적으로 완전히 끝났을 때 인생에서 어떤 사건적인 상황으로 발생한다. 만약 庚金이 정재라면 정재의 활용이 묶이고 갇히게 되면서 편재의 활동이 살아나게 된다. 정재의 활동이 줄어들면 반대편에 자연스럽게 편인의 활동이 증가하게 되어 재물이 권리나 이권화로 이동된다. 이런 현상은 현금이 부동산에 묶인다든지, 사회활동이 줄어들고 학문의 활동이 늘어나는 등의 상황으로 펼쳐진다.

‖ 예제 25 ‖

	壬		
巳	申	子	卯

戌	酉	申	(대운)

申, 酉, 戌대운을 지나갈 때 사주 원국의 글자는 12운성적으로 어떻게 되는지 살펴보면 다음과 같다. 卯는 胎, 絶, 墓가 되어 휴수 무력하게 되어 상관을 쓰지 못한다. 육친으로는 조모나 장모가 되니 인연이 멀어지게 된다.

子는 死, 病, 衰가 되어 미력하게 사용된다. 육친적으로는 사업성인데 적극적인 사업 의지라고 볼 수 없고 소극적인 사업성이라 할 수 있다. 申은 建祿, 帝旺, 衰지가 되어 왕성한 운으로 인생에 매우 적극적으로 활용하며 살아간다. 육친적으로는 부모, 또는 이권이나 임대사업, 글과 학문 등을 적극적으로 활용한다. 巳는 病, 死, 墓가 되어 申, 酉에서 점점 약하게 쓰다가 戌대운에 이르면 巳의 활동과 인연이 멀어진다. 육친적으로는 재성이 되므로 부인, 부친, 하청, 부하 직원, 남편의 후원 등이 인연이 멀어진다.

9. 연월일시 간지적 해석법

1) 합(合)

- 년과 합을 하면 큰 조직사회나 국가기관과 관련지어진 일과 인연한다. 또한, 조상과 관련된 일을 하게 된다.
- 월과 합하면 일반조직과 인연하게 되고 부모와 가깝게 지낸다.
- 일과 합을 하면 집에서 일한다. 또한, 형제, 친한 친구, 배우자 등과 손잡고 일한다.
- 시와 합 지으면 해외나 먼 곳에 일거리를 두고 움직인다. 학생은 유학 간다.

① 년주 합

‖ 예제 26 〈년주 합〉 ‖

토끼띠가 대운에서 未를 만나 년주(年柱)와 합하였다. 이와 같은 모양을 년과 합하여 사용한다고 한다. 이 사주는 식상이 년에 있어서 큰 회사에서 기술자로 일할 수 있는 구조를 가졌다고 해석할 수 있다.

② 년주, 월주 합

‖ 예제 27 〈년월주 합〉 ‖

戊辰대운에 酉金과 辰酉합하였다. 酉金은 정인이고 己土는 정관이므로

자격증 중심의 전문기술을 가지고 큰 회사에 나가 엔지니어로 활동하였다.
丁卯대운으로 바뀌면 년의 酉金을 충하고 월일시의 글자들과 합을 이루게
되어 좀 더 작은 조직사회로 이동하는 운이다. 지지의 酉金이 사라졌다는 것
은 戊辰대운에 사용하였던 자격증이 의미가 없는 직종이라는 뜻이다.

　　丁卯대운에는 酉金을 충하고 未와 卯未 삼합 지으니 작은 조직사회로
직장을 옮겼다. 작은 조직사회는 未土가 월지에 있기 때문이며 未 중에 乙
木이 암장 되어 있으므로 신기술을 가지고 토끼처럼 뛰어다니니 기술영업을
하였다. 未중 乙木은 火왕지에 있는 乙木이므로 새로운 것이며 未中丁火는
첨단을 말하기 때문에 첨단 신기술을 말한다.

③ 일주, 시주 합

‖ 예제 28 〈일시주 합〉 ‖

己	庚	甲	戊	
卯	寅	子	子	乾

辛	庚			
未	午			(대운)

　　위 사주는 한의사 사주인데 庚午대운에 일지 寅木과 합하였다. 이때 집
에서 의원을 운영하였으며 재관(財官)이 무리 지어 한때 잠시 한방병원에 나

가 활동하기도 하였다. 현재는 시지의 卯木과 합하여 장소는 옮기지 않았으나 오는 손님이 모두 외지, 먼 곳에서 온다. 그래서 약을 지어서 택배로 보내주는 일이 비일비재하다. 이 사주는 일지에서 시지로 옮겼음에도 자리를 이동하지 않은 것은 일지와 시지가 서로 방합하고 있기 때문이다. 그 의미는 서로 연관성을 짓고 있다는 뜻이고 같은 일이란 뜻이다. 그래서 일의 특성이나 찾아오는 손님의 특성만 달라졌을 뿐 환경이 크게 바뀌지는 않은 것이다. 위 사주의 예처럼 간지의 기본적 해석은 기본적인 요소가 있고 사주 구성에 따라서 그 해석의 유동성을 가미해야 한다. 시지 해석의 기본은 먼 곳으로 간다는 것을 의미해서 큰 이동의 느낌이 있지만 위 사주처럼 같은 오행의 합으로 연결되어 있을 때는 위와 같이 해석하는 방법을 이해하여야 한다.

2) 충(沖)

- 년을 충하면 집안과 멀어지고, 국가에 신고하지 않아도 되는 일을 할 수 있으며 소송이나 분쟁이 생긴다.
- 월을 충하면 부모와 멀어지고 학창시절 전공해 오던 일이나 젊은 시절부터 지속해서 해오던 일을 관두고 다른 길을 걸어간다. 일반적으로 정년퇴직의 시기이다.
- 일을 충하면 배우자와 멀어지고 형제, 친구 등과 멀어지며 주거가 불안정해진다.
- 시를 충하면 자식과 멀어지고 먼 곳에 갈 일이 없어지고 미래를 준비하거나 대비하지 않는다.

① 년주 충

‖ 예제 29 〈년주 충〉 ‖

丁卯대운을 만나 卯未합도 하지만 卯酉충도 한다. 년주를 충하였다는 것은 국가 기관이나 큰 조직 사회와의 이별을 말한다. 또한, 집안일과 거리를 두며 살아가게 된다. 집안일이란 조상 재산, 산소 등의 문제를 말하며 년지에 정인이 되므로 모친의 건강 악화로 인한 고충이 따른다. 그런데 이 사주를 자세히 보면 戊辰대운에 년지의 酉金과 합을 하였고, 丁卯대운에는 酉金을 충하고 사주 원국의 辰土와 卯辰이 합을 하였다. 그런데 원국의 辰土가 년지의 酉金과 원래 합을 하는 구조이기 때문에 이런 경우에는 직업이 크게 바뀐다고 해석할 수 없다. 왜냐하면, 인생의 중점적인 포인트는 달라졌어도 과거에 하던 일과 계속 연관되었기 때문이다. 이를테면 戊辰대운에는 인성을 쓰게 되므로 감투를 쓰고 인성인 결재권을 행사하는 것이 주 업무였는데, 丁卯대운은 辰土와 합을 하여 록+식상+관성을 사용하므로 사업의 책임을 갖고 그것에 대한 성과가 주가 되는 상황으로 변했다고 할 수 있다.

壬	壬	戊	庚	
寅	午	子	戌	乾

43	33	23	13	
癸	壬	辛	庚	
巳	辰	卯	寅	(대운)

　　위 사주는 양인격으로서 편인의 자격과 어린 시절 운이 식상운으로 흐르니 의사가 되었다. 壬辰대운에 개업하여 동업자의 잘못된 사업행위로 인하여 관재수를 겪었다. 그로 인하여 년간 庚金이 일시적으로 상실되는 일이 있었는데, 壬辰년에 의사면허 자격정지 처분을 받았다. 그 이유는 辰土가 와서 년지 庚戌간지(의사면허)를 충하였기 때문이다. 壬辰대운은 子水와 합하여 록을 쓰기 때문에 개업 의사가 된 것이고, 세운에서 木세운을 걸어올 때 시지의 壬寅이 발동하여 동업하게 된 것이다. 편법 영업을 하게 된 이유는 식상을 동업자가 가지고 있는데 寅木이 木대운에 강하게 작용하는 가운데 金을 보지 못하고 辰土가 戌土를 충하기 때문에 卯년, 辰년에 편법이 극에 이르게 된 것이다. 위 사주의 주인공도 원인은 동업자 때문에 자신이 피해를 봤다고 주장한다. 물론 그 말이 맞지만, 본인도 동업자의 편법 영업을 방관하고 강력하게 제지하지 않았기 때문에 암묵적인 승인을 한 것이나 다름없다고 할 수 있다. 위 경우를 보더라도 오행의 치우침은 사람에게 에고(ego)

즉, 욕심으로 작용하고 있다는 것을 알 수 있으며 사소한 욕심 때문에 큰 것을 그르치고 고통의 원인이 된다는 것을 알 수 있다. 무엇이든 오행이 균형을 이룬다는 것은 한쪽으로 치우치지 않는 것이니 그것은 정법을 추구한다는 것을 말하는 것이고, 정법은 나를 편안하게 하고 시간은 오래 걸릴지라도 강력한 인생의 성공이나 평화를 보장해주는 것이다. 잘나가는 정치인이나 연예인들이 잠깐의 욕심으로 평생 일궈온 것들을 단 한 번의 실수로 모두 잃어버리는 어리석음을 범하는 일도 바로 이 때문이다. 그래서 사람은 무릇 항상 바른 생각을 해야 하고, 바른 언행을 해야 하며, 바른 친구를 사귀어야 한다. 만약 이익이 된다 하더라도 정(正)이 아닌 것은 하지 않느니만 못한 것이다.

② 월주 충

|| 예제 31 〈월주 충〉 ||

己	辛	壬	丁	
亥	亥	寅	酉	乾

51	41	31	
丙	丁	戊	
申	酉	戌	(대운)

위 사주는 젊은 시절 40대까지 구두 제조업을 하였다. 그 이유는 壬水상

관이 지지의 세력을 얻고 있고 젊은 시절 식상운을 걸어왔기 때문이다. 51세 丙申대운에 월지 寅木을 충하니 젊은 시절 계속해오던 구두 제조업을 접고 우체국 택배를 하고 있다. 申대운에 우체국 택배를 하는 것은 申金이 酉金과 방합하였고 酉金 위에 丁火를 쓰기 때문이다. 酉金은 록(祿)지이니 직원이 아니라 자기 사업이라 볼 수 있다. 누구든지 자신의 여섯 번째 대운을 만나면 월주를 충하게 되어 있다. 그 의미는 이때 젊은 시절부터 해오던 일을 관두고 새로운 일을 찾게 될 수밖에 없는 상황이 발생한다는 의미인데, 이 또한 누구나 다 그런 것은 아니다. 월주가 다른 간지와 연결이 되어 있는 경우 그 연결된 글자와 합을 할 때는 변화가 오더라도 하던 일의 연속 선상에서의 자리 변동이 일어나기 때문이다. 그러나 위 사주는 월지가 寅亥합을 이루고 있지만 申대운에서 酉金과 합을 이루고 있어서 연결된 일이 아니라 전혀 엉뚱한 일로 전환하게 된 것이다.

③ 일주 충

일주 충은 주거, 배우자 그리고 일지에 들어 있는 육친이 멀어지는 것을 말한다. 주거의 경우 타인의 집에서 살게 되고 자신의 거처를 이리저리 옮겨 다니는 일이 발생하게 된다. 배우자의 경우는 배우자와의 동거가 불안정해지는 것을 말한다. 이 말은 반드시 이혼이나 별거를 한다는 뜻은 아니다. 물론 그동안 배우자와의 관계가 좋지 못했던 사람이라면 이혼을 할 수도 있겠지만 일지의 충만을 가지고 그렇게 단정 지어서는 안 된다. 배우자와의 이별 문제는 훗날 기회가 된다면 애정과 이혼을 다루는 주제로 구체적으로 결혼과 이혼, 별거와 재결합 등이 어떻게 이루어지는지를 설명하겠다. 만약 부부관계가 평소 큰 문제가 없었던 사람들은 배우자와 일과 관련된 문제나 자식 교육 문제 또는 주거지의 서로 다른 견해 때문에 합의하고 떨어져 지낼 수 있다.

④ 시주 충

시주는 자식, 취미나 여가, 먼 곳에서의 활동 등을 말하는데 그것이 멀어지는 것을 말한다. 보통 자식이 집을 떠나 공부를 하는 경우가 많고, 노년엔 자식이 먼 곳으로 이동한다. 먼 곳이나 원거리에 거래처나 고객을 둔 경우에는 그런 거래나 관계가 끊어지고, 취미나 여가 활동을 다른 방향으로 전환한다. 그러나 세운 등에서 충한 시주를 합하여 움직일 때는 반드시 역마로 쓴다.

3) 형(刑)

년을 형하면 소송이나 분쟁 등 국가적 조정을 통해 직업 활동을 하며 살아가고 또는 국가적인 행정, 소송, 판정 등의 문제가 그 대운 중에 발생한다. 또 집안의 문제나 집안 산소 등과 관련된 문제가 발생하기도 한다.

월을 형하면 하는 업무의 특성이 형과 관련된 일을 하거나 사회 활동을 하는 과정에서 갈등과 시비가 발생하고 부모 문제로 인한 형적인 사안이 발생한다.

일을 형하면 배우자, 주거에 문제가 생기거나 보수, 수리, 행정, 소송 등이 발생할 수 있고 또는 자신의 건강에 문제가 생길 수 있다.

시를 형하면 자식과 관련된 형적인 일이 발생할 수 있고, 교통사고가 생길 수 있으며 투자한 자산에 형적인 일이 발생한다.

① 년주 형

‖ 예제 32 〈년주 형〉 ‖

己	戊	乙	戊	
未	戌	丑	申	乾

44	34	24	
庚	己	戊	
午	巳	辰	(대운)

위 사주는 己巳대운에 음식 관련 프랜차이즈 사업을 하였다. 프랜차이즈 사업을 하는 것은 巳가 申과 합하고 戊子년에 丑과 무리를 이루기 때문인데 戊土가 록을 이루니 사업이고, 월간 乙木은 정관이며 년간 戊土는 비견이기 때문에 프랜차이즈 사업을 한 것이다. 비겁과 관성이 무리 지으면 대리점 사업이나 프랜차이즈 사업이다. 대운의 巳가 년지 申과 형이 되어 소송이 일어났다. 소송의 형태는 나의 식상을 형하는 것이기 때문에 밥그릇 싸움이다.

위 명조는 자신의 프랜차이즈 본사가 계약을 어기고, 지역권 내 다른 점포를 개설하려고 하여 계약을 위반하였다며 甲申년 법적 소송을 일으켰다. 申金 위에 戊土비견이 있으니 그것이 소송의 이유인 것이다.

② 월주 형

‖ 예제 33 〈월시주 형〉 ‖

辛	丙	丁	己	
卯	子	卯	未	乾

31	21	11	1	
癸	甲	乙	丙	
亥	子	丑	寅	(대운)

　　甲子대운 월과 시에 子卯형 되었고, 사주 원국에도 형을 가지고 있다. 본명은 나로호 관련 사업의 하청 회사에 다녔다. 그 이유는 월지가 형하고 있고 卯가 未상관과 합하고 있기 때문이다. 癸亥대운 己丑년 들어와 卯를 격각하고 未를 충하니 큰아버지와 아버지가 연달아 암에 걸리고 본인은 직장을 그만두었다. 그러나 큰아버지는 수술 후 어느 정도 회복하였으나 아버지는 몇 번의 수술 후에도 회복하지 못하여 유명을 달리하였다. 그 이유는 시간 辛金을 아버지로 쓰고 있는데 시지는 형을 당하여 의지할 곳이 없고 월지

는 未와 합하고 있기 때문이다. 월지를 큰아버지로 보는 것은 큰아버지를 집안 어른으로 보기 때문이다. 사주에 상관을 쓰니 위 사주는 기술직 사주라 보아야 하고 관운으로 흘러가기 때문에 관이 일지에 있더라도 직장생활을 하게 되는 것이다. 오행적으로 金이 없어서 금전적으로 성취를 잘 이루었다고 보기 어렵지만, 다행히 水대운이기 때문에 木火가 발생지기나 혁희지기가 되지 않아 작은 성취만 하는 사주이고 중년 이후 金대운을 만난다 할지라도 水로 子水를 쓰고 木을 卯木으로 쓰기 때문에 金대운 또한 水대운보다는 낮지만 보통 평범하게 살아갈 운이라고 할 수 있다. 그 이유는 오행적으로 모든 글자를 갖추었다 할지라도 글자 간의 소통 부재가 원인이다.

③ 일주 형

‖ 예제 34 〈년일주 형〉 ‖

丁	庚	丁	甲	
亥	申	丑	寅	乾

	37	27		
	辛	庚		
	巳	辰		(대운)

위 사주는 이 글을 쓰고 있는 덕연의 사주이다. 辛巳대운에 년주와 일주

가 寅巳申 삼형이 되었다. 일주는 본인 덕연이고 년간은 재성 배우자의 별이다. 운명은 피할 수 없다고 辛巳대운이 시작되면서 본인이 병이 들어 甲午년까지 건강 상태가 좋지 못하다. 그리고 집사람 또한 큰 병이 생겨 현재에도 투병 중이다. 대운에서는 이러한 특별한 큰 사건과 형태만을 알려주는 것이다. 병이 언제 걸려서 언제 낫는지에 대한 것은 세운에서 해석해야 한다.

일주의 형은 이렇게 본인에게 형으로 올 수 있으나 누구나 그런 것은 아니다. 특별히 본인 사주는 일지가 비견으로 되어 있어 나 자신에게 온 것이고 재성 또한 그러하다. 다행히 덕연 본인이 큰 정치를 한다거나 큰 재력가였다면 목숨과 바꿔야 하는 상황일 수도 있으나 소소한 역술가이고 큰 영향력이 없는 사람이기 때문에 이 정도가 아닐까 싶다. 비슷한 예로 과거 故 박정희 대통령의 경우 午대운에 故 육영숙 여사가 변을 당했고 대통령 본인은 巳대운에 운명하였다.

‖ 예제 35 〈년월일주 형〉 ‖

戊	庚	辛	丁	
寅	申	亥	巳	乾

	52	42		
	乙	丙		
	巳	午		(대운)

위 사주는 『지천명리 〈격과 그릇편〉』에서 소개한 故 박정희 대통령 사주다. 본인 덕연과 일주가 같아 비슷해 보여도 사주의 격은 매우 다르다. 위 사주는 년주에 丁巳가 관으로 되어 있어서 국가 관직이 되는 것이고 그 관직이 형이기 때문에 권력성 관직이 된다. 본인 덕연 사주는 지지에 火가 없고 월지의 丑土가 격이 되어 丁火를 세우기 때문에 학문을 바탕으로 한 官을 쫓는 사주가 된 것이다.

④ 시주 형

‖ 예제 36 〈시주 형〉 ‖

乙	乙	戊	辛	
酉	丑	戌	未	乾

丁
酉   (대운)

위 사주는 가을날 酉시에 태어나 매우 건조한 사주이고, 丑土를 음기로 쓰지만 丑土가 酉대운에 金운동을 하여 건조한 상황이 되었다. 丁酉대운 酉는 더욱 대지를 건조하게 만들고 시를 酉酉 자형하여 신장에 병이 생겨 수술하였다. 형을 했다고 무조건 다 수술하는 건 아니다. 위 사주는 丑土가 金을 돕고 木을 생하지 않았기 때문에 기운이 酉金으로 뭉쳐 병이 된 사례다. 형이 되었어도 사주가 소통되는 사주는 병을 겪지 않거나 아주 작게 치르며 지나간다.

10. 12신살적 대운 해석법

대운의 12신살적 해석법은 12신살의 기초적인 지식이 잘 습득되어 있어야 이해가 가능하다. 대운의 12신살적 해석은 대세적 판단과 경향성을 예측하는 도구이므로 사주의 운로(運路)를 해석할 때 참고하여 사용하면 좋다.

1) 그룹별로 보는 12신살 운의 판단법

12신살적으로 앞 그룹에 포함되는 망신살, 육해살, 천살 운은 높은 이상을 따라 나보다 더 큰 존재의 그늘에서 야망을 꿈꾸며 살아간다. 나보다 더 큰 존재를 만나니 지시받아야 하고 허락받아야 하며 소소한 일거리를 처리하며 살지만 더 큰 일이나 무대로 진출하려는 야망이 있어서 묵묵히 참고 지내면 좋겠지만, 자신이 주도하고 나서려 한다면 오히려 해를 입을 수 있는 운이다. 이런 운은 일반적으로 자신이 감당할 수 없거나 이길 수 없는 처지나 역량을 가진 사람들과 상대하기 때문이다. 고개를 숙이고 겸손하게 살아가면 많은 이득이 생기게 된다.

12신살적으로 반대 그룹에 포함되는 월살, 역마살, 재살 운은 새로운 무대로 변화하여 활동하는 운을 말한다. 일반적으로 가까운 곳보다 먼 곳에서 일이 이루어지기 때문에 어쩔 수 없이 원행(遠行)을 해야 할 일이 자주 생긴다. 요즘은 인터넷을 통한 거래나 소통을 통한 활동이 많다. 반대 그룹이란 나와 다른 동네 사람들과 만나 일을 이루어가는 것이니 내가 다른 동네에 가야 하는 격이고 그 동네 법을 따라야 하므로 절제된 모습이나 제한적인 모습으로 살아간다. 일반적으로 모르는 동네, 모르는 사람들과의 거래, 환경적으로 그동안 살았던 모습과 전혀 다른 상황을 암시하기 때문에 행동이나 모습에 제한을 많이 두는 것이다. 이 또한 꼭 나쁜 것이 아니며 다만 그런 환경 속에서 살아간다는 뜻이다. 그러나 이런 운에 일반적으로 시비가 생기거나 소송이 생기면 남의 동네에서 싸우는 격이므로 불리한 싸움을 하는 것이다.

12신살적으로 뒷 그룹에 포함되는 겁살, 년살, 반안살 운은 나보다 역량이 부족하거나 입장이 아쉬운 사람과 살아가는 운이다. 일반적으로 무리를 이끌고 앞장서며 내가 허락해주고 결재해주는 상황을 말하며 타인이 내 수고를 덜어주는 것을 말한다. 상황적으로는 멋지고 편한 운이지만 지출이 많고 내 지갑을 털어야 할 일이 많이 생기며 내 밑천을 남에게 주어야 이득이 생기는 운이다. 그래서 이런 시기에는 가르치는 일, 도움 주는 일, 하청이나 수하를 관리하는 일의 형태를 자주 보인다.

12신살적으로 자기 그룹에 포함되는 지살, 장성살, 화개살 운은 내가 주체가 되어 살아가는 운을 말한다. 자기 그룹 운에는 일반적으로 자신이 이루고자 하는 일을 따라 살아가려 한다. 일의 주체가 되고 책임이 주어지며 중심적인 역할을 하는 운이다. 먼 곳보다는 가까운 곳에서 이루어지며 활동하기 편한 환경 속에서 살아간다. 이런 12신살적인 운은 길흉을 논하는 것이 아니라 그 모양과 상황을 말하는 것이다. 가령 자기 그룹 운에 사업한다는 의미이지 사업의 성공 가능성이 크다는 의미가 아니다.

2) 개별 운기적 상황

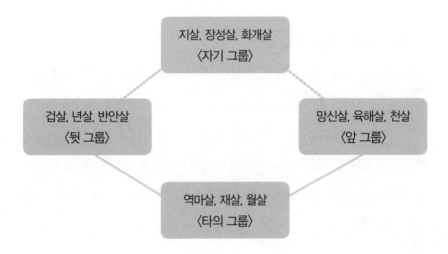

① 사맹(四孟) 寅申巳亥

寅申巳亥(지살, 망신, 역마, 겁살)운을 지날 땐 주로 의지하며 살아가고 역동적인 환경 속에서 살아간다. 시작을 의미하며 자발적 시작이든 타의적 시작이든 새로운 환경을 맞이한다는 의미가 있다.

② 사중(四仲) 子午卯酉

子午卯酉(년살, 장성, 육해, 재살)운을 지날 땐 남에게 드러내고 뽐내며 살아가는 운으로 운세의 큰 기복을 겪는다. 잘 되려면 크게 잘 되고 안 되려면 크게 안 되는 운이다. 다만 이 운을 겪으면서 각 신살적 특징을 깨닫게 되어 子午卯酉대운을 하나씩 지날 때마다 전문가로 거듭난다.

③ 사계(四季) 辰戌丑未

辰戌丑未(월살, 반안, 화개, 천살)운을 지날 땐 압력이 안으로 크게 뭉쳐 있게 된다. 대외적 활동보다는 노하우 등이 가득 차 새로운 환경이나 무대로 진출할 준비가 다 되었음을 의미한다. 辰戌丑未 대운은 새로운 전환을 준비하는 운으로서 운세적 극단을 만들면서 새로운 환경을 열어간다. 육친의 사망이나 이별 등 큰 사건적 사연이 지나가면서 사계(四季)운에 새로운 사람으로 거듭난다.

11. 대운 해석의 총괄 정리

이제까지 대운의 의미와 해석하는 도구들에 대해 살펴보았다. 대운의 해석 방식은 타고난 원국의 격을 높여 주기도 하고 깎아내리기도 한다. 사주 여덟 글자는 선천적으로 갖고 살아가는 것이고 대운은 후천적 큰 환경으로서 원국의 소통을 시켜주기도 하고 방해하기도 한다. 그래서 가장 중요한 것은 사주 여덟 글자를 잘 타고나는 것이다. 그다음에 좋은 대운을 만나야 한다. 그것이 최종적인 그 사람의 격이라 할 수 있고, 삶의 등급(grade)과 사회적 지위, 건강, 심리 상태 등 모든 것을 결정하게 된다. 그러므로 사주 여덟 글자를 잘 타고나서 어떤 운이 와도 문제가 없는 사람이 있는가 하면 어떤 운이 와도 잘 풀리지 않는 삶을 살아가는 사람이 있다. 그뿐만 아니라 좋은 것도 아니고 나쁜 것도 아닌 정도의 삶을 사는 사람도 아주 많다. 한마디로 그냥 먹고만 산다는 표현이 적절한 사람이 대부분이라고 할 수 있다. 모든 오행이 소통되기가 어려운 법이어서 대부분은 두 가지나 세 가지 오행만을 소통하며 살아가기 때문에 큰 번영이 이루어지는 삶은 극히 적다고 할 수 있으니 일반적으로 특정 대운을 만났을 때 반짝 큰 번영을 이루기도 하지만 원국의 격이 좋지 못하면 좋은 대운이 지나가고 난 후에 다시 평범한 생활을 유지하게 되거나 오히려 손실이 많은 삶의 형태로 바뀌게 되는 것이다. 그러므로 대운이 바뀔 때 큰 환경이 바뀌기 마련이며 바뀐 대운의 형태에 따라 삶이 추구하는 방향도 바뀌게 되는 것이다.

사주 원국과 결합하여 오행의 소통을 원활하게 만들어주는 대운이 좋은 대운이라고 할 수 있다. 반대로 사주 원국과 대운의 결합이 木火로만 치우치거나 金水로만 치우쳐 버리게 되는 경우를 나쁜 대운이라고 할 수 있다. 보통 평범한 대운은 음양이 서로 결합은 했으나 완벽한 소통을 이루어내지 못한 대운이다. 예를 들면 사주 원국은 양으로 치우쳐 있는데 운에서 양을 돕는 운이 오면 좋지 못한 것이고, 사주 원국이 음으로 치우쳐 있는데 운에서 음을 돕는 운이 오면 좋지 못한 것이다. 여기서 잘 알아야 할 것은 사주 원국에 양기가 많으면 대부분 대운이 음기로 흘러가는 경우가 많다는 것이다. 그런데도 운이 몹시 운이 나쁜 경우가 있는데 이는 사주 원국의 양의 글자가 운에 의해 양의 역할을 하지 않고 음을 돕는 역할로 바뀌었을 때 그러한 경우가 있고, 양의 글자가 자신을 돕는 오행을 만나지 못할 때 음과 충돌하여 사주 원국에서 작용력을 상실했을 때도 그러하다. 그러므로 원국에 가지고 있는 글자의 운동성과 작용력을 잘 이해하는 것이 중요하고, 그러한 과정은 『지천명리 〈입문편〉』, 『지천명리 〈격과 그릇편〉』에서 다루었으니 이해하면서 더욱 깊은 공부를 해야 하고 지속적인 연구가 필요하다. 아무튼, 모든 변화는 사주팔자 원국의 변화다.

대운론을 다시 한 번 정리하면 대운에서 음양오행은 전체적 대세를 관장하여 큰 방향과 틀을 결정하고 결국 그 사주의 격과 길흉을 결정짓는 역할을 한다는 것이다.

대운에서 육친은 대상이나 해결방식과 수단을 말하고, 음양오행은 물론이거니와 합형충파해의 작용으로 만나고 헤어지는 등의 삶의 줄거리를 설명할 수 있게 한다.

대운에서 합형충파해나 기타 신살들은 음양오행과 맞물려 구체적인 상황이나 사건의 줄거리를 설명할 수 있게 한다.

대운에서 근묘화실은 공간과 시간성의 의미를 부여하게 되어 음양오행을 더욱 입체화시킨다.

대운에서 천간, 지지, 지장간은 형이상 또는 형이하적인 요소를 구분하고 외부적 또는 내부적인 역할이나 행위를 설명할 수 있게 한다.

대운에서 12운성은 기(氣)의 왕쇠강약으로 대세의 흐름을 판단하고 무엇을 중시하고 무엇을 등한시하는지에 대한 기운의 방향을 설명할 수 있게 한다.

위 설명의 음양오행을 제외한 모든 것은 음양오행의 작용을 형태나 작용의 특징으로 알기 쉽게 좀 더 세분화한 것에 불과하다. 그러므로 결국 대운의 해석 또한 음양오행의 해석의 한 부분이며 그 이외 특별한 무엇이라고 할 수는 없다.

대운은 큰 틀에서의 해석이다. 그러므로 그 사람이 느끼는 절대적 길흉화복의 느낌과는 차이가 있을 수 있다. 이 부분의 이해를 돕기 위해서는 사람의 심리적인 요인을 통해 이해하는 것이 좋다. 사람의 마음은 항상 더 많이, 더 높이, 더 크게 얻고자 한다. 그리고 아주 가까운 과거나 가장 높았던 시기의 과거를 기준 삼아 현재 상황을 판단하려 한다. 그것이 인간의 기본적 욕심이다. 예를 들어 작년에 100원을 벌었던 사람은 올해 500원을 벌면 운이 좋다고 느낀다. 그런데 다음 해 300원을 벌면 운이 나쁘다고 생각한다. 물론 전체적 표준치와 비교해서 500원을 벌면 상대적으로 낮은 소득이라 할지라도 그 사람이 느끼는 것은 그 순간만큼은 긍정적으로 느끼기 마련이다. 반면, 사업을 크게 해서 늘 10,000원을 번 사람이 있다고 하자. 그런데 다음 해 이 사람이 5,000원을 벌면 이 사람은 상대적으로는 전체적 표준보다 많이 벌고 있음에도 불구하고 운이 매우 나쁘다고 생각한다. 물론 소득이 커진 만큼 지출도 많으므로 이 사람은 5,000원을 벌어서는 현재의 사업이나 생활을 유지하는 데 어려움이 따르기 때문에 운이 나쁘다고 여기는 것은 당연하다. 여기서 큰 틀 속에서 500원을 벌거나 10,000원을 버는 단위는 상대적 관점에서의 격(삶의 레벨)이라 할 수 있고 이러한 격은 대운이 만들어준다. 어린 나이에도 운이 좋으면 용돈이 풍요롭고 공부도 좋은 성적을 받게 되지만 운이 나쁘면 용돈도 항상 부족하고 성적도 잘 받지 못하게 되는 것이다. 같은 학교에 다녀도 그러한 레벨은 나뉘고 정해지게 되어 있으며 어린 시절부터 인생이 끝나는 그 날까지 格은 계속 변화하고 바뀌는 것이다. 대운의 해석은 여기까지다. 지금 현재 좋고 나쁜 개인적 감정과 견해는 대운에서 해석할 문제가 아님을 명심해야 한다. 어떤 순간이나 그해에 느끼는 감정은 세운이나 월운, 일진 등 하위 개념의 운에 달린 것이다.

12. 대운 실관 해설

1) 벤처기업 여사장 사주

‖ 예제 37 ‖

丙	辛	丙	乙	坤
申	酉	戌	巳	51

	52	42	32	
	壬	辛	庚	
	辰	卯	寅	(대운)

위 사주의 구조를 보자. 戌월의 申시에 태어났다. 申酉戌 金국(局)이 이루어진 가운데 년지에 巳火가 있으니 한랭한 시기로 접어드는 시기에 火를 얻어 음양의 조화를 어느 정도는 갖추었다. 지지에 木이 전혀 없고 水도 없지만 戌월의 한랭한 기운으로 水기운을 어느 정도 얻었다고 볼 수 있다. 천간의 조화를 보면 乙木이 丙火를 생하고 丙火가 辛金을 비추어 빛나고 있다. 재성과 관성이 만나면 경영이다. 거기에 록을 얻으면 비견과 재성 그리고 관성이 만나 경영자가 될 수 있다. 위 사주는 중앙대학교 가정학과를 나와서 취업을 하지 않고 일찍부터 사업가의 꿈을 꾸었다. 庚寅대운 寅木이 들어오면서 사주에 부족한 木기가 들어와 木生火, 火生土 土生金으로 소통하여

여성 전문 창업 컨설팅 회사를 차렸다. 庚寅대운 중에는 많은 직원을 두고 사업을 운영하였다. 그 이유는 寅木이 巳火를 생하고 巳火가 金국과 금화교역하여 사회적으로 성공하였다. 辛卯대운에는 천간에 辛金이 사주 원국의 丙火와 금화교역하여 라디오 방송에 여러 차례 출연하였다. 그러나 辛卯대운 중에 사업의 규모는 오히려 축소되어 과거의 사업은 정리하고 여성 창업 관련 협회에서 활동 중이다. 그 이유는 천간은 금화교역이 되어 형이상적인 명예는 높이 유지하지만, 지지의 卯木이 사주 원국의 巳火를 생하지 못하여 활동의 범위가 좁아진 것이다. 또한, 년주를 사용하지 않고 월지의 戌土와 합하여 활동하니 협회 규모의 조직사회에서 활동하는 것이다. 또한, 卯木은 戌土의 활동을 방해하여 火의 발산을 조절하지 못하게 되므로 오히려 사업이 축소된 것이며 水는 마르게 되어 재물 벌이는 되지만 지켜지지 않는 것이다. 이 사주가 교육 관련된 일을 한 이유는 록을 사용하는데 식상이 시주의 丙申 공망 간지 내의 壬水를 쓰기 때문이다. 고로 수단이 공망이므로 물건 없는 장사, 말로 먹고사는 것이다. 앞으로 다가올 壬辰대운의 해석은 辰土가 년주 巳火와 다시 결합하여 오행의 소통을 만들어 내기 때문에 사회적인 성취를 다시 이룰 수는 있다. 다만 원국에 水가 없어서 절대적인 큰 사업체의 CEO는 될 수 없지만, 위와 같은 정도만 되어도 중소기업이나 벤처기업의 사장은 충분히 할 수 있는 운세이다.

2) 네트워크 마케팅 하는 사주

‖ 예제 38 ‖

甲	甲	壬	庚	坤
戌	子	午	申	36

	35	25	
	戊	己	
	寅	卯	(대운)

午월의 戌시에 태어났다. 午월의 戌시는 더위에 지친 만물이 휴식으로 들어가는 시간이다. 휴식의 대명사는 水다. 또한, 水가 원만한 활동을 하기 위해서는 金의 생을 잘 받아야 한다. 사주 원국이 金生水를 잘할 수 있는 구조로 되어 있다. 다만 사주 원국 지지에 木이 부족하고 천간에 火가 드러나지 않아 격이 완전하지 못하여 아쉽다. 25세 己卯대운은 卯木이 오행을 살리지 못해 운세가 좋지 못하였다. 卯戌합으로 기업 교육을 하는 회사에 취직하였으나 실리가 부족하고 만족할 만한 성과를 얻지 못하였다. 그러나 戊寅대운에 들어오기 직전 회사를 그만두고 외국계 건강 관련 허브다이어트 등의 네트워크 사업을 시작하였다. 戊寅대운으로 바뀌면서 寅午戌 火국을 지으면서 사업이 진행되고 있고 현재 성장 발전하고 있다. 네트워크 사업을 하는 것은 록을 이루면서 재성을 쓰기 때문이다. 또한, 더위에 지쳐 휴식하

는 것을 기본격으로 두고 있으니 사람들이 휴식하고 자연 치유(healing)하는 일을 함에 매우 행복해한다. 그리고 木운을 걸어가기 때문에 매우 적극적이고 진취적으로 살아가고 있으며 午월에 木운을 걸어가면 음양이 양적으로 치우쳐 보일 수 있지만, 이 사주는 저녁 시간에 태어났다는 점을 고려하면 양이 극단으로 치우쳐 망하는 일은 없다. 다만 木生火, 火生土까지의 연결은 대운에서 이루어졌으나 土生金으로 넘어가는 형태가 아주 매끄러운 모습은 아니니 그러한 걸림을 세운에서 도와주어야 비로소 성공할 수 있다. 대운의 모양이 갖추어야 할 음양오행을 갖추었으나 가지고 있는 글자의 소통에서 이렇게 완전하지 못하면 성공은 해도 아주 큰 성공까지는 어렵다. 왜냐하면, 대운의 소통이 완벽하지 못하면 세운의 조화에 의존해야 하는데, 세운은 12년을 주기로 돌며 6년을 기준으로 음양의 대세가 바뀌게 되므로 12년 중 일부의 운에서만 큰 성취를 이루고 나머지는 부진할 수밖에 없기 때문이다.

네트워크 사업에서 자신의 아래 조력자는 육친으로 재성이 된다. 또 아래 조력자가 다시 아래 조력자를 만드는 건 내 사주 상으로 봤을 때 인성이 되는 것이다. 네트워크 사업이 잘되려면 자신의 사주가 재성에서 관성, 인성으로 이어지는 흐름이 좋아야 한다. 그런데 위 사주는 상관생재까지는 잘 되는데 재성에서 관성으로 넘어가는 흐름이 좋지 못해 인성을 살리기 힘들어서 현재 고전 중이다. 그러나 인성을 사주 원국에 갖고 있어서 세운이 도와주면 인성의 조력자가 생길 것이라고 본다.

3) 자기사업과 대학 강사를 겸업하는 사주

‖ 예제 39 ‖

己	甲	乙	戊	坤
巳	申	卯	申	48

	43	33	
	庚	辛	
	戌	亥	(대운)

위 사주는 卯월의 巳시에 태어났다. 卯월의 巳시는 만물이 개화를 위한 움직임을 하는 때이며 특히 巳시는 그러한 작용이 더욱 활발한 시기이다. 양인을 격으로 삼고 있으나 사주 원국에 木生火의 작용이 원활하지는 않다. 또한, 水가 약간 허결한 것이 흠이다. 그러나 申金에서 壬水의 작용을 하고 있고 때가 음기의 작용이 아직 강한 시기이므로 기운이 양기로 치닫지는 않는다. 그래서 기운의 순환은 원만하지 않지만, 음양은 미미하게나마 갖추어졌다. 이런 사주는 운을 만나면 발전하고 운을 만나지 못하면 평범하게 사는 사주가 된다. 천간의 형태를 살펴보면 卯월에 戊乙甲己가 투출하여 격이 빛나지는 않는다. 卯월에 甲乙木은 강한 경쟁심을 의미하고 戊己土는 지나친 피해의식이나 지배욕에 빠질 수 있다. 물론 그러한 힘이 삶을 열심히 살아가는 원동력이 될 수도 있다. 사주의 격이 아름답게 꽃피는 모습은 아닐지라도

이런 사주는 삶을 열심히 살아가는 사주다.

어려서 지지 水대운을 만나 원만한 학창시절을 보냈다. 그러나 丑子운은 사주 구조상 완벽한 소통을 이루어내지 못한다. 그래서 辛亥대운에 지방대학교의 석사까지 마쳤다. 庚戌대운에 이르러 박사과정을 밟고 있으나 지도교수의 깐깐함 때문에 힘들어하고 있다. 박사란 무릇 최고의 학벌이니 천간형이상적 소통이 좋지 못하면 이룰 수 없는 법이다. 그렇게 학교에 출강하면서 개인적인 사업으로 직원을 두고 심리 상담소를 운영하고 있다. 사업과 강의는 戌대운에 卯戌합하여 록을 쓰기 때문에 그러하고 재성을 쓰기 때문에 직원을 두고 운영하는 것이다. 戌대운에 巳火가 戌土에 입묘되고 申金도 격각되어 오행의 원만한 소통이 이루어지지 않지만 卯戌합으로 운용되어 큰 번영은 아니더라도 작은 성취는 이루며 살아간다.

4) 번영이 안 되는 사주

‖ 예제 40 ‖

壬	丙	辛	甲	乾
辰	辰	未	寅	42

38	28	18	
乙	甲	癸	
亥	戌	酉	(대운)

위 사주는 未월의 辰시에 태어났다. 未월은 양이 극단을 넘어 음을 만들어가는 시기로 대지는 만물이 더위에 지쳐 있는 때이다. 이 시기는 결실을 보아야 하는 시기면서 양의 극단을 음으로 잘 조절할 수 있어야 좋은 사주가 된다. 위 사주의 지지를 보면 未월에 모두 양을 살리는 글자만 있고 음으로 조절하는 글자는 없다. 즉 水도 없고 金도 없다. 그래서 金운에는 결실은 얻겠지만 水부족으로 그 번영을 지키지 못하고, 水대운엔 金이 없어 금화교역도 이루지 못하여 큰 결실을 이루기 어렵다. 또한, 운이 陽대운으로 흐른다면 인생은 파국으로 치닫게 될 것이니 사실상 어떤 운이 와도 큰 번영을 이루기는 어렵다. 18세 癸酉대운에는 辰酉합하여 지방대학을 나왔고 적당하고 무난하게 살아갔다. 또한, 辰 중에 癸水를 쓰니 서비스 계통에서 직장생활을 하였다. 28세 甲戌대운부터는 辰戌충하였는데, 미약한 관성을 충하니 직장생활을 하기가 어렵고 자기 사업이나 영업 또는 프리랜서 같은 일이 적당한데 벌어 놓은 것도 없고 특별한 기술이나 기능도 부족하여 진로가 막연해졌다. 진로가 막연한 것은 관성을 충했을 뿐만 아니라 戌이 와서 팔자 원국 내에 원만히 짝지어 쓸 만한 글자가 없기 때문이다. 이처럼 대운에서 짝지어 쓰는 것이 없어지면 삶의 방황이 시작되고 아무것도 할 것이 없어진다. 그 이유는 자신이 타고난 팔자의 글자를 아무것도 활용할 수 없는 환경이 온 것이기 때문에 정신적으로는 무언가 하려고 해도 자신에게 주어진 환경이나 다가오는 정보가 모두 마땅한 것이 없기 때문이다.

천간은 인성 甲木을 쳐다보니 자격증이나 후원사를 통한 활동을 하려는 것인데 사주에 水가 없고 운에서도 水를 보지 못하였기 때문에 자격증이 있을 리 없고 후원을 받기도 어렵다. 이는 이유 없는 후원을 원하는 것이므로 부모 덕이나 나에게 도움을 줄 만한 사람을 찾게 되지만 본시 이유 없음은 얻을 수 없다. 또한, 未월의 甲木이므로 지나친 것이니 생각이 합리적일 리가 없는 것이므로 불법이나 탈법을 일으킬 만한 소지가 큰 것이다. 위 사주는 진정 그러한 불법, 탈법이 있었는지는 본인이 말하지 않았기 때문에 잘 모른다. 다만 나에게 찾아와 자신이 무엇을 하며 살아가면 좋겠는지 진로를 물어서 " 운이 이처럼 특별하지 않으니 당장은 특별한 대안이 없어 보인다, 다만 다음 대운에 乙亥대운이 다가오므로 팔자와 寅亥합하니 공부하여 부동산을 하거나 영업하며 살아가라, 그리고 삶의 큰 출세를 바라거나 타인에게 지나친 기대를 갖고 살다 보면 본인의 괴로움이 더 커질 것 같으니 먼저 배려하고 작은 성취에 만족하며 살아가는 것이 좋을 것 같다"고 말해 주었다. 이는 未월생이 辰시에 태어나서 金이 없는 인성을 쓰니 그렇게 말한 것이다.

5) 마사지업을 하는 사주

‖ 예제 41 ‖

己	丁	癸	丁	坤
酉	未	丑	酉	59

	52	42		
	己	戊		
	未	午		(대운)

丑월의 酉시에 丁火일주로 태어났다. 식신을 격으로 태어났으니 기술 전문성을 쓰는 사주인데 丑土는 어렵고 힘든 일을 말한다. 丑월의 酉시, 한랭하고 건조한 시기에 태어났기 때문에 未土가 용신인데 未를 생하는 木이 없어 아쉽다. 다행히 未 중에 乙木이 있어 未土를 잘 쓸 수는 있으나 未土는 木국의 글자이고 酉丑은 金국의 글자이니 원만한 소통을 이루지 못한다. 이런 사주는 申金 같은 글자가 와서 소통을 이루어주거나 할 때 운이 좋아진다. 어려서 운세는 木운으로 흘렀으나 金局과 未土를 연결해줄 만하지 못했기 때문에 잘살지 못하였다. 조상 자리에 丁火가 빛나니 조상대에 번영이 있었으나 부모 대에 癸丑 백호대살로 깨지고 식상이 드러나 있어 조상 재산을 유흥이나 도박으로 탕진하였다. 그래서 본 명은 어려서 어렵게 자랐으며 30~40대에 잠시 번영이 있었으나 午未합으로 흩어지니 벌어놓은 돈을 지

키지 못하였다. 현재는 마사지업을 하면서 살고 있으나 형편이 좋지 못하고, 여자 사주에 록을 쓰는 운을 걸어가므로 본인이 가사를 책임지며 살아간다. 또한, 사주에 인성이 약하고 癸水가 관인소통을 하지 않으니 남편 덕을 잃은 것이다. 이런 사주는 丑월에 한랭한 시절에 태어났다 할지라도 경제적으로 는 金운을 걸어가면 오히려 궁색해지지는 않을 것이나 운이 火운으로 흐르 는 바람에 심적으로는 편안하여도 경제적으로는 어려움을 겪게 되었다.

6) 공무원 사주

‖ 예제 42 ‖

丙	壬	辛	戊	乾
午	辰	酉	申	48

56	46	36	26	16	
丙	乙	甲	癸	壬	
寅	丑	子	亥	戌	(대운)

酉월의 午시에 태어났으며 辰土에 木기가 유기(有氣)한 가운데 木기에 서 火土金으로 연결되는 구조가 좋다. 천간은 酉월에 辛金이 나오고 壬水를 생하며 丙火가 투출되어 빛나기는 하지만 戊土가 오히려 辛金을 가리는 것 이 흠이다. 어려서 천간의 운세가 壬癸甲으로 흘러 戊土를 견제하니 공부를

잘하였고 지지 또한 水대운으로 흘러 운이 좋았다. 년의 戊土는 관인소통을 이루니 무난히 공무원이 되었고, 甲子대운 辰土와 무리 지어서 감투가 높아졌다. 록대운이라 관에서 진행하는 사업을 맡아 관리하게 되었고 결과가 좋아 인정받고 있다. 乙丑대운은 辰土를 파하지만 酉金과 합하여 다시 辰土와 酉金이 합하니 감투를 잃어버리지는 않는다. 다만 이 사주에서 아쉬운 것은 辰土와 午火의 연결성이 아쉬운데 그래서 외부적으로 빛을 발하지 못하니 늘 아쉬움이 따른다. 그러나 다음 대운인 丙寅대운에 빛나는 것을 바라보고 좀 더 높은 서기관 관직으로 오를지 궁금하여 방문하였다. 서기관은 고관은 아니므로 寅午가 합하고 午火가 酉金과 금화교역하여 무난히 이루어질 수 있을 듯하다. 다만 문제는 丙火가 빛나지만 戊土를 생해 오히려 辛金을 매금(埋金)하니 지나친 출세욕이 발동할까 염려된다. 사람은 누구나 높은 자리에 오를수록 많은 사람의 주목을 받게 되고 그럴수록 언행을 조심해야 하는데 사주 내에 午火를 견제할만한 세력이 없어 양기가 태과한 상태로 발전될까 염려되는 상황이다. 그리고 사주 내에 음이 허결한 상태에서 木운을 만나는 것은 출세를 위해 모든 것을 쏟아 부을 수 있는 상황을 말하기 때문에 사회적 지위는 일정 수준 얻을지라도 재물의 손실은 감수해야 한다. 결국, 寅木이 申金과 酉金을 충하고 원진이 되니 丙寅대운 중에 퇴직하게 될 것이나 명예로운 퇴직이라 볼 수는 없다.

7) 증권회사 다니는 사주

‖ 예제 43 ‖

癸	戊	己	甲	乾
丑	午	巳	寅	42

37	27	17	7	
癸	壬	辛	庚	
酉	申	未	午	(대운)

위 사주는 巳월의 丑시에 태어났으니 보이지 않는 것이 삶의 도구다. 즉 무형의 도구를 갖고 살아가는데 丑土 위에 癸水재성이 드러나 있고, 癸水재성이 년의 甲寅을 생하는 구조이며 寅木은 巳火를 생하고 巳火는 午火와 연결되어 사주가 구슬처럼 연결이 잘되었다. 다만 천간의 구조가 金이 없고 火가 없는 것이 아쉽다. 金이 없으니 사회적인 큰 결과를 원치 않고, 火가 없으니 남 앞에 나서는 것을 좋아하지 않는다. 戊己土가 드러나 있으니 말수가 적고 속을 알 수 없으나 巳월의 戊己土이므로 승부욕과 지배욕이 강한 사주다. 젊은 시절 辛未대운에 모의 주식투자 대회에서 우수한 성적을 거두어 이름을 날렸다. 그 이유는 辛金이 土生金 받아 金生水로 잘 연결되었기 때문이고 형이상적인 것이 보석처럼 빛나는 운이기 때문이다. 그러나 현실적으로는 巳午未 방합을 지어서 火국을 이루니 실질적인 결과는 아니다. 그러

한 경력을 통해 증권회사에 입사하게 되었고 壬申대운에 지지의 소통이 원만하게 이루어져 승승장구하였다. 癸酉대운에는 결국 시주의 癸丑과 무리 지어 무리의 수장이 될 수 있었다. 이 사주는 현재 젊은 나이로 증권사 지점장이 되었다. 그 이유는 丑土와 합하면서 재성이 생겼기 때문이다. 酉金이 巳火, 丑土와 합을 지어 寅木의 소통도 원활하기 때문에 가능했다. 또한, 월간에 겁재가 투출하여 지나친 경쟁심과 승부욕으로 인해 증권업계에 종사하게 된 것이다. 말수가 적고 차분해도 巳월의 丑시에 태어나 야심과 분석력이 좋으며 강한 성품과 리더십을 갖고 있다. 巳월의 癸丑이 부인이기 때문에 착하고 선한 여자를 만나게 되고 식상대운이고 합 지어져 있어 부부관계가 매우 좋은 사주다.

술사의 길

사주학은 인간의 운명을 풀이하는 학문입니다.

사주를 공부하는 단계에는 처음 이론을 공부하고 그다음 이론을 정립하는 단계가 있습니다. 그 이론이 정립되고 나면 물리(物理)가 트여야 합니다. 물리가 트이지 않은 사주풀이는 그저 글자풀이와 말장난에 불과할 것입니다. 물리가 트인다는 것은 도를 닦는 것만으로 될 일이 아닙니다.

사주를 본다는 사람이 사람에 대해서 모른다면 사주를 잘 푼다고 할 수 있을까요? 자신이 살아온 인생 경험만으로 얼마나 상대가 원하는 상담을 해줄 수 있을까요?

사주상담을 하다 보니 세상에는 이런 사람 저런 사람 참 종류도 많았습니다. 상식으로는 도저히 이해가 안 가는 삶을 살아가는 사람들도 많았습니다. 강도, 강간, 절도, 폭행, 근친상간, 바람, 사기뿐 아니라 사회적으로 번드르르하지만, 도덕적으로 해이하게 사는 사람도 많았습니다.

그들을 다 나쁘다고 이야기하시겠습니까?

술사는 그들을 이해하고 알아주어 그들이 일반적으로 평범하게 살아갈 수 있는 방식을 조언해줄 수 있어야 한다고 생각합니다. 왜 그런 마음을 가졌을까? 그들에게 물어보십시오. 모두가 나쁜 줄 알면서 어쩔 수 없었다고 이야기합니다.

술사는 그 어쩔 수밖에 없었던 상황을 알아야 합니다. 그리고 모든 가능성을 열어두어야 합니다.

화제를 바꾸어서,

사주를 공부한다고 하는 사람이 사람을 관찰하는 일을 게을리해서는 안 됩니다.

매일 글자만 파고 있는 사주 공부는 빈껍데기에 불과할 것입니다. 사주는 사람의 운명을 관찰하는 학문이기 때문에 사람의 성향과 가치관에 대해서 누구보다 더 폭넓게 이해할 수 있어야 사주학의 시야가 넓어집니다.

시야가 좁으면 선생이 아무리 그렇다고 가르쳐주어도 받아들이지 못하기 때문입니다. 사람을 판단하는 학문이기 때문에 사람을 관찰하고 그 사람의 마음을 헤아리려 노력하여야 합니다.

설령 살인했더라도 어머니처럼 그 사람 마음을 이해하면 그 살인자의 마음을 헤아릴 수 있을 것입니다. 넓은 통찰력은 자신의 모든 견해를 내려놓는 데에서부터 시작합니다. 이제까지 자신이 알았던 사람이라는 견해를 놓아야 사람을 느낄 수 있습니다.

사람들은 나이 든 여자와 젊은 남자가 같이 살면 이상한 눈으로 바라봅니다. 하지만 사주학자는 그 또한 이해할 수 있어야 합니다. 자신을 좁은 틀로 가두면 좁아지는 것이고 넓게 생각하면 무한 확장되는 것이 사람의 마음입니다.

술사는 자신보다 부자인 사람보다 마음이 부자여야 하고,
술사는 자신보다 명예가 높은 사람보다 생각이 높아야 하고,
술사는 자신보다 지위가 높은 사람보다 이상이 높아야 합니다.

더 높을 수 있는 것은 공(空)한 마음을 가지고 바라보아야 높을 수 있고 그 높음도 없을 때 진정 높은 것으로 생각합니다. 술사는 자신보다 가난한 사람을 긍휼히 바라보아야 하고 술사는 자신보다 지위가 낮은 사람을 겸손하게 바라보아야 할 것이고 술사는 자신보다 어리석은 사람에게 희망의 등불이 되어야 합니다.

이 또한 더 높음이 없고 공한 마음을 가지려 노력할 때에만 가능한 일입니다. 술법을 사용하면서 술사 개인적 견해와 욕망을 버려야 가능한 일이라는 뜻입니다.

그것이 다 득한 사람이고 큰 술사의 길이 아닐까 생각합니다.

제 3 장

세운론(歲運論)

제 3 장 세운론(歲運論)

1. 세운의 이해

매년 돌아오는 일 년 단위의 운세를 세운이라고 한다. 세운도 대운과 마찬가지로 육십갑자가 차례대로 돌아오면서 사주 원국의 글자와 상호 유기적으로 반응하면서 그해의 이야기를 만들어 나간다. 세운을 보는 법의 기본적인 원리(음양오행 및 육친, 신살, 간지, 12운성 등)는 같지만 세운은 대운의 큰 환경 속에서만 영향을 미치게 된다. 다시 말하면 세운은 대운의 환경을 넘어설 수 없으며 대운이라는 큰 환경에서의 구체적인 줄거리와 상황을 나타내기 때문에 세운은 대운을 넘어설 수 없다. 이를테면 지구는 태양과 달의 영향을 받으며 변해가지만, 태양과 달은 태양계라는 큰 틀 속에 묶여 있어서 태양계 전체의 작용에 영향을 받고, 태양계는 또 하나의 은하계에 포함되어 있으므로 태양계를 담고 있는 우리 은하는 전체 은하계로부터 영향을 받고 있다. 또 은하계는 우주 전체에 포함되기 때문에 전체적 우주에 영향을 받는 것과 같다. 그러므로 우리 우주 외부의 영향이 변하면 태양과 달의 환경도 영향을 받아 결국 지구의 환경이 어떤 영향을 받아 변화하게 되는 것처럼, 우주나 은하계와 같은 외부환경은 대운의 환경과 같다고 할 수 있고 세운은 태양과 달의 환경에 비유할 수 있으며 지구는 팔자 원국에 비유하면 이해가 될 것이다. 그래서 우리가 직접 느끼고 체감하며 살아가는 것은 세운이고, 세운은 대운의 큰 그릇 안에 담겨 있는 것과 같다. 이렇게 세운의 해석은 대운의 범주 안에서 해석해야 한다는 뜻이다. 그래서 세운을 해석할 때는 먼저 원국의 조건을 살피고 대운의 조화를 살핀 다음 최종적으로 현재 맞이하는 세운에는 어떻겠다는 결론을 내는 것이다. 그러므로 대운이 흉할 경우 좋은 세운은 존재할 수 없는 것이며 대운이 매우 길하면 흉한 세운도 존재하지 않게 되는 것이다. 다만 대운이 극단적으로 흉하거나 길한 운은 영원히 오래도록 지속하지 않기 때문에 극단적인 판단을 하는 경우는 아주 많지는 않고 보통은 적당히 길한 것과 흉한 것이 섞인 대운이 대부분이기 때문에 세운의 해석도 대운의 환경을 고려하여 해석하면 된다.

떠도는 대운이나 세운을 해석하는 논리를 들어보면 대운과 세운과의 작용을 해석하는 경우가 있다. 예를 들어 寅대운에 申세운이 오면 서로 충하여 운세가 나빠진다고 해석하는 경우가 있는데 그것은 이치에 맞는 해석이 아니다. 만약에 그렇다면 어떤 대운을 만나든 세운은 13년마다 한 번씩 반드시 대운과 충을 하게 되어 있다. 이런 시기에 모두 나쁘다고 봐야 하므로 논리상의 문제가 있을 수밖에 없다. 또, 대운과 세운의 해석은 모두 나의 관점에서 일어나는 일이기 때문에 대운과 세운의 신살적 관계는 나와 무관하다고 할 수 있다. 이러한 문제는 모두 대운과 세운의 개념을 정확히 세우지 못한 데서 비롯된 실수라 생각되고 지천명리의 대운과 세운의 개념과 적용방식을 이해하면 운세를 보는 방법을 정확히 이해할 수 있게 될 것이다.

2. 대운과 세운의 관계

세운은 대운의 상황에 따라 길흉을 판단한다. 만약 대운이 매우 陽적이라면 세운은 반대로 陰적으로 갈 때 길한 것이고, 반대로 대운이 陰적이라면 세운은 반대로 陽적으로 갈 때 길하게 된다. 또, 대운이 陽적인데 세운이 陽으로 흐르면 흉이 지나치게 되고, 대운이 陰적인데 세운도 陰으로 흐르면 흉이 지나치게 되는 것이다. 대운은 원국과 관련하여 陽적이다 陰적이다 라고 논하는 것이기 때문에 사주 원국의 구조가 陽대운을 조절할 만한 조건을 갖추고 있다면 陽대운에 陽세운을 만난다 하여도 흉이 크지 않고, 사주 원국의 구조가 陰대운을 조절할 만한 조건을 갖추고 있다면 陰대운에 陰세운을 만난다 하더라도 조금 답답할 뿐이지 흉이 크지는 않다.

- 대운이 원국의 소통을 방해할 때 세운에서 소통을 열어주면 길하고, 반대로 대운에서 원국의 소통을 원활히 할 때 세운에서 소통을 방해하거나 기운을 가중하면 한쪽으로 치우치게 되어 흉하다.

- 대운에서 특정 오행이 빠져 원국의 소통을 완전하게 하지 못할 때 빠진 오행을 세운에서 만나면 길하고, 반대로 빠진 오행을 극하거나 휴수무력(休囚無力)하게 만들면 흉하다.

- 대운에서 특정 오행이 두 글자 이상 빠져 소통이 원만치 않으면 어떤 세운을 만나도 큰 행운을 만나기 힘들다.

- 대운과 원국의 소통이 완벽하게 조화되면 세운에서 어떤 글자를 만나도 무난하고 원만하다. 반면 소통은 이루었으나 형이나 원진 등의 조합에 의한 것이라면 어려움과 아픔을 겪으면서 번영이 이루어진다.

- 소통에는 기운의 소통이 있고 글자의 소통이 있다. 기운의 소통은 대세적 특징을 말하는 것이고, 글자의 소통은 현상적 특징을 말하는 것이다.

- 대운이 원만하다면 세운에서 오는 형충파해의 사건은 대체로 긍정적인 변화로 볼 수 있다.

- 글자 간의 소통은 천간은 천간대로, 지지는 지지대로, 지장간은 지장간대로 화합하고 교류하며 부딪히는 과정을 보면서 소통 여부를 판단

하여야 한다. 단순히 글자가 있다고 해서 소통한다고 보아서는 안 되고 글자들의 운동성과 합하려는 성질을 통해 그 성패 여부를 판단하여야 한다. 가령 卯와 巳가 있다면 이것을 소통으로 보는 것은 글자의 운동성의 측면을 놓친 것이다. 卯는 癸水를 장생하므로 火를 생하는 것이 아니라 오히려 水를 생하는 경향성을 갖기 때문에 卯와 巳는 소통하지 못한다. 그뿐만 아니라 글자들의 특성은 주변 환경에 따라 운동성이 다르게 변할 수 있으므로 각 글자의 특성이 환경에 어떻게 영향받는지 그 특징을 이해하여야 정확한 대운과 세운의 추론이 가능해진다.

– 모든 글자는 계절과 시간에 따라 글자들이 특성이 달라지므로 세운의 해석 또한 그와 발맞추어 나가야 한다. 이 부분은 『지천명리 〈격과 그릇편〉』의 육십갑자를 잘 이해하면 된다.

3. 세운에서의 음양오행

1) 음양

앞서 설명한 바와 같이 세운에서의 음양은 대운의 조건에 따라 결정된다. 위에서 대운과 세운의 관계에 관한 설명을 자세히 살펴보면 음양의 조화를 나타내고 있음을 알 수 있다. 무엇이든 큰 틀 속에서 음양의 조화가 깨지면 흉한 것이다. 조화가 깨진 것도 그 정도에 따라 편차가 생길 것이고 편차가 크면 클수록 흉의 강도도 커질 것이다.

음양은 오행을 놓고 음양의 조화를 갖추었는지 못하였는지를 판단하는 것이다. 그러므로 음양은 오행을 통해서 결론을 얻을 수 있지만, 음양은 큰 대세의 가치 판단의 도구일 뿐이라고 말할 수 있다. 음양의 적절한 조화는 삶의 적절한 조화라고 볼 수 있고, 음양의 부적절한 조화는 삶의 균형이 깨져 부정적으로 나타나게 되는 것이니 음양만 판단할 수 있어도 현재 어느 정도의 삶의 수준으로 살아가고 있는지 판단할 수 있다. 세운이 음양의 조화를 깨뜨리게 한다면 당연히 좋지 못하고 반대로 음양의 조화를 돕는 세운이라면 합이나 충, 형, 원진을 만난다 할지라도 그 세운은 좋은 결과로 이어진다.

‖ 예제 44 ‖

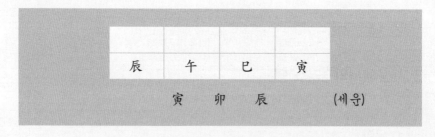

辰	午	巳	寅

寅　卯　辰　　　(세운)

사주 원국이 巳월의 辰시에 태어나 양의 기세가 강한 가운데 대운에서도 양으로 흘렀다. 이때 지나치게 木生火가 되어 木火가 태과하게 되어 운이 좋지 못하다. 특히 세운에서 양기가 충천하는 寅卯辰 巳午未운을 걸어갈 때 더욱 흉하고 申酉戌 亥子丑운을 걸어갈 때 길하다고 할 수는 없지만, 흉이 적다. 이처럼 음양의 대세가 틀어지면 어떠한 세운이 와도 좋은 일이 있을 수가 없는 것이다. 이는 현실에서 무한 확장이나 외세적 집착으로 나타나게 되는데 열심히 사는 듯 보여도 모두 망상과 허무로 끝나게 된다.

‖ 예제 45 ‖

위 사주는 [예제 44]과 비슷해 보이지만 亥時에 태어났다. 원국에 亥水가 있음으로써 木운이 왔을 때 木火가 태과지기로 치닫는 것을 견제하고 있다. 그래서 위 사주의 경우 寅卯辰대운을 만난다 하더라도 무한 확장이나 외세적 집착이 [예제 44]의 사주보다 덜하다. 다만 사주에 金이 없으니 실리가 부족한데 세운에서 金운을 만난다면 작은 번영을 기대할 수 있다. 이처럼 사주 대운과 원국의 조합에 있어서 음양의 조화는 매우 중요한 것이고 그에 따라 세운의 길흉도 그 시점이 달라진다.

丑	申	子	酉

酉　　戌　　亥　　　　(세운)

子월의 丑시에 태어났다. 子월의 丑시는 만물이 얼어서 활동이 멈춰있는 시간이다. 음의 기운이 강한 가운데 사주 원국에 木이나 火를 보지 못하였다. 그런 가운데 대운에서 음대운을 만났다면 음양의 대세가 완전히 음으로 기울게 된다. 기운이 음으로 기울면 처세가 답답하고 우매하며 눈치가 없고 인색하게 되어 사회에서 두각을 나타내기 어렵다. 그러므로 어떠한 세운을 만난다 할지라도 큰 발전은 기대하기 어렵지만 그래도 세운에서 양세운을 만날 때 흉한 가운데 길이 있다.

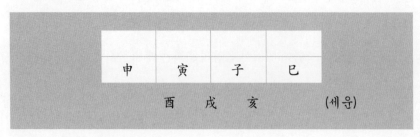

申	寅	子	巳

酉　　戌　　亥　　　　(세운)

위 사주는 子월의 申시에 태어났다. 子월의 申시는 오후 시간으로 아직 태양이 떠올라 있는 때이다. 비록 춥고 척박한 시절에 태어났지만, 사주 원국에서 양을 얻었고 寅木과 巳火 또한 드러나 있어 음양의 조화를 아주 잘 갖춘 사주라 말할 수 있다. 이런 구조의 사주의 경우 겨울에 태어나서 음대운을 만났어도 원만한 번영을 이뤄나갈 수 있다. 다만 음대운 중에는 세운에서 양세운을 만날 때 운세가 좋고 양대운 중에는 음세운에 운이 좋아진다.

물론 이러한 해석은 큰 흐름에서의 해석이다. 음양적 해석은 이런 큰 틀속에서 대세를 판단해야 하고 큰 흐름이 길한 가운데 글자의 작용이 합, 형, 충, 파, 해 등의 신살이나 격각 작용으로 생기는 사건은 흉으로 작용할 수도 있다. 그러므로 음양으로 큰 흐름을 파악하고 세운의 신살 작용으로 사건·사고를 분석하면 운세의 판단을 정확히 읽어낼 수 있다.

2) 오행

세운에서의 오행의 조화는 한해의 길흉화복을 담당하는 역할을 하게 되며 오행적 대세와 글자의 상호관계를 살펴 생이나 극, 또는 형 등의 신살 관계를 통해 일 년의 길흉화복과 사건·사고를 분석하면 된다.

오행의 소통은 글자의 존재만으로 이루어지는 것이 아니며 글자의 속성에 따라 소통이 되기도 하고 그렇지 않을 수도 있다. 오행적 소통은 글자 간의 결합과 연결을 통해 이루어지며 천간, 지지, 지장간 모두를 살펴 소통 여부를 살펴야 한다. 예를 들면 寅申巳亥, 子午卯酉, 辰戌丑未의 글자의 특성이 각각 다르므로 각자 다른 속성의 글자가 만나 오행적으로 소통을 할지, 아니면 충이나 형, 격각 등을 만나 소통을 오히려 방해받을지를 판단하는 것이 중요하다. 예를 들면 申과 戌은 오행적으로는 土生金처럼 보이지만 실질적으로는 서로 격각이기 때문에 소통한다고 볼 수 없다. 그러나 未와 申은 오행적으로 土生金 한다고 볼 수 있고, 申과 子는 金生水 한다고 볼 수 있다.

세운에서 오행의 만남은 그해의 움직임이나 상황을 나타낸다. 여기서 『지천명리〈격과 그릇편〉』에서 논하였던 '오행의 규합'을 통해 해석의 바탕으로 삼아야 한다.

(1) 오행의 규합 응용

● 수생목(水生木)
水生木은 겨울과 봄의 조화를 말한다. 水는 오행론에서 설명한 바와 같이 원천 에너지를 말하고, 미래계획, 준비, 휴식, 안정 등을 말한다. 또한, 木은 의욕을 앞세우는 것을 말하는데, 어떤 일에 대한 추진력을 말하고 미래를 향한 변화의 시작이다.

● 수생목(水生木)을 하는 것
水가 木을 生하는 것은 미래를 위한 투자로 볼 수 있다. 水의 에너지를 木으로 변화시키려 하는 것이니 미래 투자가 되는 것이며 오랫동안 생각해 왔던 일을 결행하고 추진하는 것이다.

● 수생목(水生木)을 받는 것
木이 水의 생을 받는 것은 미래를 위한 대비로 볼 수 있다. 木의 입장에서 水를 보면 한 걸음 나가는 것이 아니라 보충받는 입장이니 그것은 미래를 대비하기 위한 저장, 축적, 계획, 설계하는 것이다.

오행의 水生木은 운에 의해서 水生木이 발생하는 현상을 말한다. 예를 들어 올해가 乙未년이면 천간에 水가 있는 사람은 올해 水生木의 현상이 나타나게 된다는 뜻이다. 이는 천간에서 水生木하였기 때문에 형이상적인 水生木의 현상이 일어나는 것이라 할 수 있다. 형이상적인 水生木은 미래를 위한 투자라고 볼 수 있고, 火로 연결되지 않으면 작은 투자가 되지만 火로 木生火까지 연결되면 사회적 활용의 선까지 연결지어서 보아야 한다. 그러나 이는 보이지 않는 형이상적인 기운이기 때문에 형이하적인 지지의 상황에 따라 생각만으로 끝날 수도 있고 추진하다 그만둘 수도 있으니 지지의 상황에 따라 결과적 판단은 달라질 수 있다고 본다.

지지의 水生木은 현실적으로 水生木이 되는 것이니 확실한 움직임으로 나타난다. 미래를 위한 움직임이니 수입보다는 지출이 생기게 되는데 그것이 소통되어 金까지 연결된다면 그것을 통하여 또 다른 부가가치를 창출하게 되지만 그렇지 않고 水生木이나 木生火에서 끝난다면 미래를 위한 지출과 투자 그리고 경력을 쌓는 일로 보아야 한다.

- 목생화(木生火)

  木生火는 봄과 여름의 조화를 말한다. 木生火는 의욕을 앞세우는 것이라 하였고, 미래를 향한 것이라 하였다. 火는 확장, 유명, 인기, 마케팅 등 나를 알리고 상품 가치를 높이는 것이다.

  木生火도 두 가지 입장이 있다. 첫 번째는 木에서 火를 생하는 입장이 있고, 두 번째는 火가 木의 생을 받는 입장이 있다.

- 목생화(木生火)를 하는 것

  木이 火를 생하는 것은 확장하고, 알리고, 공공(公共)화시키고자 하는 목적이라 할 수 있다. 木에서 시작된 일을 더 크게 벌이는 것이다. 모든 사람이 아는 방법으로 전환하며 공식화하려는 작업이다.

- 목생화(木生火)를 받는 것

  火가 木의 생을 받는 것은 부족한 역량을 보충하고자 하는 것이다. 그래서 인정받을 만한 내적 경력을 쌓고, 학력을 쌓고, 경험을 쌓는 일이다.

세운에서 木生火하는 것은 새로운 장이 열리는 것과 같은 것이다. 일이 확대되고 대외적으로 확장되고 커지며 유명이나 기존보다 한 걸음 더욱 빛나는 환경으로 나아가는 것을 말한다. 일반적으로 木生火를 하면 자의적인 추진이나 노력으로 일의 확장과 이름 있는 경력을 쌓게 되고, 木生火를 받으면 타인의 추천이나 부탁으로 확장된 일이 만들어진다. 왜냐하면, 火는 내 원국에 가지고 있는 것이고 木이 운에서 온 것이기 때문에 나의 경력이나 인기, 능력을 타인이 활용하려 하는 것이기 때문이다.

이러한 木生火도 火生土나 火克金으로 연결이 되면 올해 추진했던 일이 순탄하게 사회적 결과물로 연결되지만 그렇지 않고 단지 木生火로 끝난다면 소모나 낭비, 탕진 등으로 끝날 수 있다.

● 화생토(火生土)

火生土는 여름과 중화지기의 조화를 말한다. 火는 확장, 유명, 인기, 마케팅 등 나를 알리고 상품 가치를 높이는 것이고, 土는 중재, 교역, 변화, 완성을 시키는 것이다.

● 화생토(火生土)를 하는 것

火가 土를 生 하려는 것은 이제까지의 사회활동을 통해 생겨난 경력이나 인기, 인맥, 신용, 경력 등을 바탕으로 세력을 규합하는 것을 말한다. 만약 火生土가 되지 않으면 火는 소모 일변도로 나가겠지만 火生土가 되었을 때는 세력이 규합되어 훗날 부가가치를 만들기 위한 기반이 되는 것이다. 일종의 누적된 신용을 정리하는 작업이다.

세운에서 火生土하면 조직에 편입하거나 조직을 편성하게 된다. 木과 土가 합하면 자신의 경력이나 역량과 상관없는 조직사회와 인연이 되거나 결속되는 상황으로 보아야겠지만 火生土는 과거의 이력이나 현재의 이력이 밑바탕이 되어 조직성을 얻게 되는 것을 말한다. 火生土를 하는 것은 조직에서 나의 경력이나 이력이 있어야 하는 것이고, 火生土 받는 것은 내가 소속된 조직이나 단체가 확장하거나 세력을 넓히는 것을 말한다. 천간은 형이상적인 상황을 말하고 지지는 형이하적인 상황을 말한다. 지지의 土는 辰戌丑未土가 있는데 그 특성에 따라 사업, 직장, 취미, 친목 등의 여러 가지 형태로 존재하게 되며 土生金이 되면 그 단체를 통하여 사회적 경제적 가치를 창출하게 된다.

- 토생금(土生金)

  土生金은 중화지기와 가을의 조화를 말한다. 중화지기인 土는 중재, 교역, 변화, 완성하는 것이고, 가을의 金은 결실, 부가가치, 안정, 실리, 물욕을 말한다. 이러한 土生金도 양쪽 입장에서 벌어지는 양상이 다르다.

- 토생금(土生金)을 하는 것

  土가 金을 생하려는 것은 자신이 가진 세력이나 경력, 위치 등을 바탕으로 부가가치를 창출하는 것이다. 즉, 물건을 사는데 그동안 마일리지를 통하여 혜택도 받고, 골드회원 혜택도 받아 이득을 보려는 것이다.

- 토생금(土生金)을 받는 것

  金이 土의 생을 받는 것은 자신의 부가가치를 높이기 위해 세력과 규합하는 것을 말한다. 예를 들면 볼펜을 만들어 그냥 시장에 내다 팔았었는데 어느 시기에 土生金이 되어 보험회사와 손을 잡게 되고, 볼펜에 보험회사 마크를 찍게 되니 보험설계사들이 마케팅에 이용하기 위해 볼펜을 왕창 사 가는 결과를 말한다. 또한, 그동안은 동네 문구점에 납품하며 살았는데, 어느 날 대형할인점과 손잡고 대형할인점의 전국 지점에 전부 납품하게 되었다면 그 또한 土生金의 결과라 할 수 있다.

세운에서 土生金은 그동안 노력했던 것에 대한 결과나 보상을 받는 것을 말한다. 또한, 자신이 갖고 있거나 영향을 미치는 조직이나 단체의 혜택을 보고 그것을 통해 얻어지는 보상이나 이득이 土生金이다. 土生金을 하면 내가 이득을 보려 나서는 것이고, 土生金을 받으면 조직이나 단체에서 나에게 혜택을 주는 상황을 말한다. 土라는 것은 내가 사회활동을 하면서 만들어낸 인적, 물적 결과물에 해당하는 것으로 土生金의 결과는 지속적이고 꾸준한 결과나 가치의 상승효과를 갖게 된다.

- 금생수(金生水)

  金生水는 가을과 겨울의 조화를 말한다. 가을의 金은 결실, 부가가치, 안정, 실리, 물욕을 말한다. 겨울의 水는 미래계획, 준비, 휴식, 안정 등을 말하였다. 이 두 음기의 조합은 안정과 편안함이다. 이 또한 양쪽 입장에서 행위가 다를 수밖에 없다.

- 금생수(金生水)를 하는 것

  金이 水를 生 하려는 것은 자신이 가진 역량을 바탕으로 편안하면서도 오랫동안 써먹을 수 있을 만한 것을 만들고자 함이다. 예를 들면 돈이 적더라도 안정되고 편안할 수 있는 직장을 구하는 것, 적금, 연금, 임대사업, 이자소득, 자격증 대여, 디지털 수입, 휴가소득, 여가 소득 등을 말한다.

- 금생수(金生水)를 받는 것

  水가 金으로부터 生을 받는 것은 노력에 의한 결과 보상이다. 다시 말해 오랜 시간을 해오거나 기다린 것에 대한 보상을 말한다. 예를 들면 퇴직금 수령, 보험 수령, 적금 수령, 유산, 토지보상 등을 말한다.

세운에서 金生水는 자신이 가진 경제적 능력이나 사회적 도구를 재투자하여 가치를 창출하는 것이다. 일반적으로 투자행위가 많이 이루어지고 대여 등 안정된 투자행위를 말한다. 또한, 장기적인 관점에서의 미래를 대비하는 행위도 포함한다. 金生水를 하는 것은 내가 투자행위를 하고 가치를 창출하는 것이고, 金生水를 받는 것은 보상이나 가치가 나에게 돌아오는 것을 말한다.

- 목토상충(木土相沖)

- 木이 土를 극하는 것
  木이 土를 극하는 것은 자기 계발, 발명, 독점, 무리를 이끌고 통솔하는 것이다.

- 土가 木을 극하는 것
  土가 木을 극하는 것은 정리정돈, 부채정리, 흡수합병, 계획 철회 등이라 할 수 있다.

土는 내가 이제껏 쌓아왔던 경력이나 인간관계 등 축적된 보이지 않는 업적이나 권리를 말한다. 그래서 木克土 하는 것은 그 분야나 그 자리를 떠나거나 변화하게 됨으로써 축적된 권리를 포기하거나 놓치는 것을 말한다. 일반적으로 土가 극을 당할 때 큰 변화가 찾아온다.

木은 새로운 시작과 출발을 말하는 것이니 土가 와서 극을 하는 것은 큰 세력에 흡수되거나 꺾이는 것을 말한다. 일반적으로 계획이 무산되는 것을 말하고 크고 안정된 변화를 위해 현재의 계획이 변경되는 것을 뜻한다.

- 금목상충(金木相沖)

- 金이 木을 극하는 것
  金이 木을 극하는 것은 이권 다툼, 부채탕감, 계획좌절 등이라 할 수 있다.

- 木이 金을 극하는 것
  木이 金을 극하는 것은 단기소득, 대출 활용, 중도이전, 외상거래, 작은 것을 많이 판매하는 것 등이라 할 수 있다.

木은 계획이고 결실이 아니며 미래를 빌리는 것이니 부채를 갚거나 성취해 나가야 할 것을 말하는데 金이 와서 극을 하는 것은 조기에 마감하거나 불안정한 상태가 정리되는 것을 말한다. 이런 상극을 해석할 때는 희기 여부에 따라 긍정적인 요인을 극하면 부정적인 경향으로 해석하고 부정적인 요인을 극하면 긍정적으로 해석하면 된다.

木이 金을 극하는 것은 내가 가진 이권이나 가치를 허물어버리는 것을 말한다. 이는 木이 와서 金을 극하는 것이니 새로운 계획에 의해서 추진되는 일이라 할 수 있고, 水를 보지 못하면 즉흥적이고 단기적인 성향이 있게 되며 火를 보지 못하면 계획이 크게 발전되지는 않는다.

- 금화상충(金火相沖)

- 金이 火를 극하는 것
  金이 火를 극하는 것은 인기 연예인이 삼겹살 사업을 하여 고수익을 올리는 것과 같다. 즉 번잡한 시장에 편리하고 좋은 상품이나 서비스를 제공하여 고부가가치를 창출하는 것이다.

- 火가 金을 극하는 것
  火가 金을 극하는 것은 내 능력이나 재산, 가치를 번화한 시장에 내다 팔거나, 그곳에 직접 나가 활동하여 고부가가치를 창출하는 것이다. 다시 말해 돈 버는 재주가 좋은 사람이 좋은 회사를 만나 기업에 큰 실적을 내어 인정받는 것과 같다.

金火상충은 금화교역이라 하여 사회적인 인기나 명성, 브랜드, 유망성, 화려한 경력, 주목받는 기운 등이 경제적 가치와 만나는 것을 말한다. 火는 있는데 金이 없다면 인기나 명성, 유망한 어떤 무언가는 있지만, 그것이 경제적 가치로 환원되지 않는 것을 말하는 것인데 金을 만날 때 큰 부가가치를 만들어내게 되는 것이다.

火가 金을 만나면 그동안의 활동이 비로소 경제적 큰 가치로 연결되는 것을 말하고, 金이 火를 만나면 내가 가지고 있는 물건이나 상품의 가치를 높여 고수익을 올리게 되는 것을 말한다. 그러나 여기서 확실히 알아두어야 할 것은 오행적으로 만났다 하여 무조건 고부가가치라고 판단하여서는 안 된다는 것이다. 金과 火의 세력이 적당히 조화를 이루어야 고부가가치가 만들어지게 되는 것이다. 만약 火의 세력이 강하고 金의 세력이 약하다면 가치는 있는데 지출이 커서 결과적으로 남는 것이 없게 되는 것이고, 金의 세력이 강하고 火의 세력이 약하면 가치는 높은 상품인데 잘 알려지지 않거나 넓게 펼쳐지지 않아서 수익이 안 되는 것이다.

- 수화상충(水火相沖)

- 水가 火를 극하는 것
  水가 火를 극하는 것은 낙마(落馬), 좌천(左遷), 낙향(落鄕), 자연치유(Healing), 귀향(歸鄕), 휴식 등이다.

- 火가 水를 극하는 것
  火가 水를 극하는 것은 벼락출세, 주 관심사(hot issue), 폭로, 비밀공개, 대단한 발견 등이다.

水火의 만남은 오행적으로 木이나 金이 없을 때 일어나는 현상을 말한다. 만약 사주에 木과 火가 있는 가운데 水가 온다면 그것은 水火상충으로 보기 어렵다. 왜냐하면, 水가 오는 순간 木으로 생하여 火를 다시 생하기 때문에 水火상충과 같은 극단적인 상황이 일어나지 않는다. 水火상충은 서로 단독으로 만날 때 일어나는 것이다. 水가 火를 극하는 것은 내 사회적인 터전이 작아지고 축소되는 것을 의미한다. 이것이 낙마나 좌천이 될 수도 있지만 천간에서 일어나는 경우 일반적으로 스스로 휴식하고 안정하기 위해 일을 축소하고 줄이는 것이니 나쁘게만 해석하여서는 안 된다.

火가 水를 극하는 것은 갑작스러운 발전적 변화를 말한다. 木을 거치지 않고 火를 바로 지향하니 과정이 없이 나아가는 것이고 사주 원국에 水가 극을 당하면 안정과 조심성이 깨지는 것이니 벼락 진출을 하려는 움직임으로 바뀌게 되는 것이다. 물론 이것으로 벼락출세라고 단정 지을 수는 없지만, 지방에 있던 사람이 도시로 나가고 변두리에서 활동하던 사람이 중심가로 나아가는 변화를 하게 된다. 그러나 이러한 水火의 충돌은 과정이 없는 것이기 때문에 일시적인 변화로 그치는 경우가 많고 지속적이거나 장기적인 것으로 판단할 수는 없다.

- 토수상충(土水相沖)

- 土가 水를 극하는 것
  土가 水를 극하는 것은 내부정리, 내면적 불만, 안주하고자 하는 마음을 버리고 큰 세계로 진출하는 것이다.

- 水가 土를 극하는 것

  水가 土를 극하는 것은 큰 이권 포기, 오랫동안 해왔던 일들의 정리, 큰 이권을 포기하고 안정과 휴식을 선택하는 것이다.

土가 水를 극하는 것은 일반적으로 천간에서는 戊壬충이고 지지에서는 亥水가 辰운을 만나면 土克水의 모양이라 볼 수 있다. 이런 경우 세력을 확대하기 위한 움직임으로 전환한다. 水는 정적인 것이고 작은 것인데 土는 큰 세력을 의미하니 안정을 깨고 큰 세력과 규합하거나 세력을 만들기 위한 변화라 볼 수 있다.

水가 土를 극하면 그동안 활동했던 세계를 떠나는 것이다. 또는 회원탈퇴 등 기존에 활동했던 세계를 떠나 편안하고 고요한 모습으로 전환하려는 움직임을 뜻한다.

(2) 오행 상생상극의 조화

오행의 규합에서 오행 간의 소통이나 상극이 어떠한 현상으로 일어나는지에 대해서 알아보았다. 그러나 오행의 규합은 단일 현상으로만 나타나는 것이 아니라 동시에 여러 가지 현상이 합쳐져서 나타나게 된다. 세운은 누구에게나 똑같이 적용되지만, 사주 원국에 가지고 있는 글자가 모두 다르므로 일어나는 현상이 달라지는 것이다. 가령 乙未년을 만났다면 사주 천간에 水가 있는 사람은 水生木을 하게 되는 현상만 일어나고, 사주 천간에 火가 있는 사람은 木生火가 되는 현상이 일어난다.

‖ 예제 48 ‖

		丙	己
丑		申	巳

乙
未   (세운)

　예를 들어 乙이 왔을 때 원국에 丙火와 己土가 있다면 木生火, 火生土까지 이어지게 되어 乙己충으로 이권을 버리는 것이 아니라 더 큰 이권이 만들어지게 되므로 자연스럽게 과거의 이권이 멀어지는 것이라고 해석하여야 한다. 지지도 未를 만나게 되어 未가 申을 土生金 하고 원국의 申이 巳申합하여 금화교역을 일으키는 현상이 일어나게 된다. 그리고 시의 丑은 丑未충하여 올해 水火가 상생하는 현상으로 멀어지게 되는 것이다. 여기서 丑未를 水火상쟁이라 표현한 것은 未는 火기를 가졌고 丑은 水기를 가졌기 때문에 그러한 현상으로 보는 것이다.

丁	辛	己	己
酉	亥	巳	卯

乙
未   (세운)

위 사주의 경우 乙未년을 만나면 亥卯未가 합을 지으니 水生木, 木生火, 火生土가 되는 것이다. 그러나 세운 未土와 원국의 酉金, 巳火와는 격각이 되므로 土生金은 되지 않는다고 보아야 하며, 내년에 申년을 만나면 巳申합, 申酉합하여 火克金을 한다고 보아야 한다. 천간도 乙木이 丁火를 생하고 丁火가 두 개의 己土를 생하고 己土가 다시 辛金을 생하는 모습이긴 하지만 음양의 짝이 맞지 않아 원만한 소통이라고 보기 어렵다. 그러나 오행적으로 木生火, 火生土, 土生金까지의 일을 추진하려는 노력은 있는 것이다.

4. 세운에서의 간지

세운에서 어떤 글자가 오면 사주 원국에 있는 글자와 생이나 합, 충, 형, 파, 해, 원진, 입묘, 격각 등의 작용을 하게 되는데 이러한 신살의 작용은 오행의 작용과 맞물려 일어나게 된다. 세운의 해석에서 신살이 일어나는 근묘화실적 위치에 따라 그해에 일어나는 사건의 방향이나 위치를 해석하여야 한다. 근묘화실은 이미 기초나 중급에서 설명하였기 때문에 따로 설명하지는 않을 것이다. 본편에서는 근묘화실과 오행적 상생상극의 활용수단에 대해서 거론하겠다.

1) 근묘화실과 오행

(1) 木

木은 새로운 변화와 창조, 시작을 열어가는 것이므로 木이 있는 자리에서 새로운 변화와 창조가 일어난다. 변화와 창조는 안정과 평화와는 반대되는 것이기에 木이 있는 자리는 항상 번잡스럽고 시끄럽기 마련이다. 또한 木의 발전은 미래를 담보하여 일어나는 것이니 부실과 부채가 발생하게 되고 억지와 폭력이 생겨난다.

- 년에 木이 있으면 즉흥적이고 말의 떨어짐과 무섭게 일을 진행하며 국가에서 추진하는 신규 사업에 참여하고 그에 관한 혜택을 입으며 계획을 먼저 세운다.
- 월에 木이 있으면 창조성을 발휘하는 일을 직업 삼고 직장을 경험의 대상이나 삶의 과정으로 생각한다.
- 일에 木이 있으면 부인이 제안하고 조언하는 일이 잘 진행되고 중년에

자기 집을 짓고 살아간다.

– 시에 木이 있으면 먼 곳에 나가 일을 만들어 나간다.

(2) 火

火는 번영과 인기, 확장, 허세와 허위, 권모가 일어나는 자리이므로 火가 있는 곳에서 큰 외세적 상황이나 번영, 권모 등이 일어난다. 火는 기운이 외세적으로 집약되어 있어 타인을 의식하고 그것에 맞게 행동하기 때문에 때에 따라 큰 번영이 일어나기도 하고 큰 소모와 허탈이 일어나는 자리이기도 하다.

– 년에 火가 있으면 국가나 대기업과 인연하여 살아갈 때 큰 번영이 찾아온다.

– 월에 火가 있으면 작은 조직사회에 나가서도 번영이 쉽게 온다.

– 일에 火가 있으면 중년 이후에 번영이 찾아오고 집에서 하는 일이나 자기 사업을 할 때나 부인의 사회활동에 의한 번영이 있다.

– 시에 火가 있으면 먼 곳이나 해외로 나갔을 때 번영이 오거나 먼 곳에서 손님이 찾아온다.

(3) 土

일반적으로 土는 중화지기로서 기운이 집중되고 집약되는 것을 말하기 때문에 土가 있는 자리에서 사람이 모이고 집중하게 된다. 土는 그러한 기운을 바탕으로 결실을 얻거나 인간관계를 만들어 나간다.

- 년에 土가 있으면 국가나 대기업 등의 조직 사회에서 활동한다.
- 월에 土가 있으면 일반 사회활동이 조직이나 단체가 된다.
- 일에 土가 있으면 자신이 중심적인 사람이거나 중심이 되어 사람들과 교류하려 한다.
- 시에 土가 있으면 동호회나 모임 취미 등의 활동이 활발하다.

(4) 金

일반적으로 金은 결실을 보는 것을 말하기 때문에 근묘화실적으로 金이 있는 자리에서 목적을 달성하거나 큰 결과를 보게 된다. 또한, 金은 현실을 중시하고 가치를 중시하기 때문에 金이 있는 자리는 이상을 향하지 않고 실리를 추구하며 냉정해지는 자리가 된다.

- 년에 金이 있으면 큰 국가나 대기업과 거래하고 일하여 가치를 얻어 낸다.
- 월에 金이 있으면 일반 사회활동에서 가치를 창출해 낸다.
- 일에 金이 있으면 자기 자신이 가치 창출자다.
- 시에 金이 있으면 먼 곳에 있는 곳에 가서 가치를 창출해 낸다.

(5) 水

일반적으로 水는 휴식을 말하고 충전, 공부 등을 말한다. 그러므로 水가 있는 자리에서 휴식과 충전이 되고 공부도 그 자리에서 했을 때 원만하고 오랫동안 진행하고 유지하게 되는 것이다.

- 년에 水가 있으면 공공 기관이나 학교에 가서 공부하고 휴식한다. 또한 무엇이든 준비하는 데에 오랜 시간이 걸린다. 그리고 오랫동안 써먹고 유지할 수 있는 일을 계획한다.
- 월에 水가 있으면 사회활동을 하는 것 자체가 배움이고 휴식이다. 또한 현재 벌어진 사회적인 상황을 해결하기 위한 끈질긴 노력을 한다. 그리고 부모 집이 휴식처가 된다.
- 일에 水가 있으면 자기 집이 휴식처가 되어 집을 편안하게 생각한다. 또한, 중년에 자신이 하고자 하는 소망을 따라 살아가게 된다.
- 시에 水가 있으면 먼 곳에서 수학하거나 인터넷 등 원거리에서 교육받는다. 그리고 어떤 일을 시작하면 그것을 끝까지 노력하고 더 발전시키려는 뒷심을 발휘하여 세월이 갈수록 깊고 넓어진다. 대체로 세속적인 일보다는 정신적인 일을 선호하며 자유로운 직업을 선택한다.

(6) 근묘화실적 오행 변화의 이해

세운에서의 오행적인 해석은 대운을 고려하여 세운을 해석해야 한다. 그렇기 때문에 사주의 격과 대운의 환경에서 만들어진 상황 가운데 만나는 세운이기 때문에 해석은 각자마다 다를 수밖에 없다. 또한, 같은 조건과 환경일지라도 그 운을 만나는 나이에 따라 추구하는 관점이 다르다 보니 나이를 고려하여 통변해야 한다.

　세운에서 오는 오행의 결합은 원국의 어떤 위치의 글자와 교류하는지를 판단하여야 하는데 연월일시의 위치에 따라 그 해석을 달리해야 한다. 천간은 순일한 기운으로 작용하지만 지지는 오행적으로 섞여 있으므로 그 섞여 있는 형태대로 해석하여야 한다. 지지는 한 글자 속에 두세 가지의 오행이 섞여 있어 각 오행의 특성에 따라 다른 변화가 생긴다. 이를테면 시에 辰이 있을 때 辰이 운에서 子를 만나면 水生木의 역할을 하지만 巳를 만나면 木生火, 火生土를 하게 되며 卯를 만나면 木을 돕는 역할만을 하게 된다. 또한 酉를 만나면 土生金의 역할을 하게 되므로 타고난 시에서 벌어질 수 있는 상황은 다양한 것이다. 그러므로 사주 원국에 가지고 있는 글자는 고정되어 있지만 벌어지는 양상은 늘 다를 수밖에 없다.

2) 세운의 천간과 육친

　세운에서 오는 천간은 그해의 방향성이나 마음을 말한다. 일차적으로 오행의 조화를 분석하여 큰 특성을 분석하고 거기에 육친을 붙여 방식이나 대상을 최종적으로 판단하여야 한다. 오행과 마찬가지로 생, 합이나 충하는 것을 관찰하여 통변을 하면 된다.

(1) 비견운

협력자나 동반자가 생긴다. 동업 등 타인과 함께하고자 하는 마음을 말한다. 이 또한 사주에 식상이 있으면 식상을 생하지만 식상이 없으면 재성을 극하는 역할로 변한다.

(2) 겁재운

더 큰손과의 협력이나 도움을 얻어 크게 이루려 한다. 일종의 투기심으로 변질할 수 있으며 크게 이루고자 하는 마음을 말한다. 일반적으로 크게 이룰 수 있는 기회와 크게 잃을 수 있는 운이 상존한다.

(3) 식상운

새로운 환경으로 변화하고자 하는 것을 말한다. 일반적으로 안정된 형태를 유지하면서 변화를 꾀한다. 이 또한 재성이 있으면 재성을 생하지만 없으면 관을 극하는 역할로 변한다.

(4) 상관운

개혁에 대한 의지가 강한 것을 말한다. 그래서 새로운 환경이나 새로운 일에 대한 것을 말하는데, 파격적이거나 즉흥적이거나 일정한 규칙이나 법칙을 무너뜨리며 얻어낼 수 있는 것을 말한다. 직장인의 경우 이직의 뜻이 생기고, 학생은 탈선하며, 사업자는 사업의 방향을 변경하거나 시설을 확충한다.

(5) 정재운

사회적인 세력을 넓히고자 하는 마음을 말한다. 사업자의 경우 거래처를 늘리고 재물적 성과를 높이고자 하는 데 뜻을 둔다. 이 또한, 관성이 있으면 관을 생하는 모습을 하게 되지만 관성이 없으면 인성을 극하는 역할을 하게 된다.

(6) 편재운

편재운은 정재운과 마찬가지로 세력을 넓혀보고자 하는 마음인데 자신의 능력보다 주변의 능력을 빌어 확장해보고자 하는 마음을 말한다. 그러므로 외부적인 요소에 의존하고 큰 세력과 손잡게 된다. 학생은 재극인(財克印)을 하게 되므로 학문보다는 취업이나 아르바이트 등 재물벌이에 관심을 갖게 된다.

(7) 정관운

큰 조직사회에 편입하여 살아보려는 운이고 그로 인한 안정을 추구해보고자 하는 마음이다. 또한, 사회적으로 격을 높이려는 마음이다. 일반적으로 사업자는 큰 회사의 상표를 빌리거나 큰 회사와 손잡으려 하고 회사의 격을 높이기 위한 제도나 기반을 확충한다. 직장인은 승진에 뜻을 두거나 승진하고 회사에 충성하게 되고, 학생은 학교에서 이런저런 명예가 따른다. 이 또한, 인성이 있으면 인성을 생하지만 인성이 없으면 비견을 극한다.

(8) 편관운

편관운은 큰 조직사회에 편입하여 살아가려 하는 마음이다. 내용은 정관과 같지만, 비정규적 모양새라고 할 수 있다. 비정규란 일시적이거나 임시적인 모양을 말하고 정관은 정식적인 것을 말한다. 편관의 명예욕은 정관과 달리 공식적인 명예가 아닌 동네 유명과 같은 비공식적인 명예를 말한다.

(9) 정인운

정인운은 심리적으로 미래를 준비하려는 마음이다. 새로운 충전을 통한 미래의 재구성과 그동안 쌓아왔던 업적이나 인간관계를 통해 살아가려는 마음이다. 그래서 정인운에는 무언가 배움에 관심을 두게 되고 특허, 인허가, 상속, 문서취득, 자격취득 등의 일을 생각한다. 인성은 식상을 극하기 때문에 일반적으로 몸 쓰지 않고 돈 벌어다 주는 것에 관심을 두게 된다. 그러나 사주에 비견이 있다면 투자나 경쟁에서 이기기 위한 재충전의 시기라 할 수 있다.

(10) 편인운

편인운에는 파격적인 생각이나 기발한 공부나 특별한 방식으로 이득을 구하는 일에 관심을 두게 된다. 학문이나 자격을 얻는 것도 남들을 한 번에 이길 수 있는 파격적인 공부를 하려 하고 사회활동에서도 안정적 투자수입보다는 일시적으로 큰 효과를 거둘 수 있는 것에 관심을 두게 된다. 편인운은 겁재를 보지 못하면 상관을 극도로 제약하게 되어 손 안 대고 큰돈을 먹으려고 하지만 겁재가 있으면 큰 생각을 통해 큰 투자나 동업으로 이어지기도 한다.

3) 천간의 생과 합충

(1) 천간 상생

천간은 형이상적인 요소로서 그 사람의 정신적인 상황을 말하는 것이니 세운에서 천간은 그해의 뜻이라 할 수 있다. 세운에서 오는 글자가 사주 원국에 있는 글자를 생한다면 사주 원국에 있는 글자를 살리려고 노력하게 된다. 그것이 오행적으로 육친적으로 무엇인지를 살펴 무엇이 되었는지를 가늠하면 그해에 어떤 일이 일어날지 판단할 수 있다.

∥ 예제 50 ∥

위 예를 보면 세운에서 乙이 왔는데 사주에 丙火가 있다면 丙火를 자연

스럽게 생하는 현상으로 나타나게 된다. 乙木이 己土와 충을 하게 되지만 이때는 丙火가 있어서 乙木이 己土를 극하지 않게 되고 丙火를 통해 다시 己土를 생하게 되어 乙未년엔 己土가 훼손되지 않는 것이다. 이러한 소통은 오행적으로는 木生火가 되어 사회적으로 자신의 영역을 확장하려는 노력을 하는 행위이고 높은 곳으로 올라가기 위한 움직임으로 연결된다고 봐야 한다. 육친적으로는 관성이 인성을 생하는 형태이므로 자격이나 권한 획득 등을 통해서 높거나 확대된 경쟁사회로 진출하게 된다고 보아야 한다. 물론 이것은 형이상적인 부분만을 해석하였기 때문에 반드시 그렇게 된다고는 볼 수 없다. 결과적으로는 지지까지 보아야 최종적인 결과를 판가름할 수 있을 것이고 올해의 뜻은 그렇게 품는다고 봐야 한다.

‖ 예제 51 ‖

乙未년을 만났을 때 원국에 丁火가 있다면 오행적으로는 상생을 하려 하지만 음양이 서로 맞지 않기 때문에 원만한 상생이 된다고 보기는 어렵다. 즉

상생의 뜻은 품고 있으나 그 움직임이 원만히 이루어지지 않는다고 봐야 하고 작년인 甲午년에 오히려 丁火를 잘 살렸으므로 乙未년에는 뜻을 품는다 하여도 편향적 뜻을 갖게 됨을 뜻한다. 편향적 뜻이란 목적을 이루려고 할 때 정석적인 방법이 아닌 편법으로 뜻을 이루려는 것을 말한다.

‖ 예제 52 ‖

이렇게 丙火가 두 자가 투출되어 있으면 木生火가 두 군데에서 일어난다고 보면 된다. 혹자는 乙木이 하나라 힘이 약해서 두 개를 생하지 못한다는 이론이 있으나 이는 기운의 이치를 단순히 개수로 판단하기 때문에 그런 것으로 생각한다. 乙未년은 천간에 乙이라는 기운이 지배하고 그해를 이끌어 가기 때문에 태세(太歲)라 하여 가장 강력한 기운을 말한다. 그러므로 여러 개라 할지라도 능히 생할 수 있는 것이다. 봄이 되면 木의 기운이 온 천지의 초목을 자라게 하는 것과 같다.

‖ 예제 53 ‖

丙	己	庚	癸

乙
未   (세운)

만약 위와 같은 사주 구조가 천간에 乙을 만난다면 木生火, 火生土, 土生金, 金生水로 소통을 이룬다. 그러므로 형이상적인 모든 일은 원만하고 무난하게 소통된다고 볼 수 있으며 일의 형태도 발전을 위한 도약이 결과까지 얻고, 또 새로운 도약을 위한 충전도 하게 되는 결과로 이어진다고 볼 수 있다. 그리고 이 사람의 생각에는 이미 木生火를 하고 火生土를 해서 金生水까지의 계획이 잡혀있다고 볼 수 있다.

‖ 예제 54 ‖

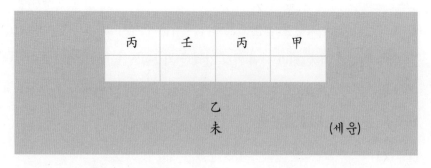

丙	壬	丙	甲

乙
未   (세운)

乙未년엔 水生木을 하려 하고 木生火를 받는다. 그러나 火에서 土를 생하거나 金으로 교역하지는 않는다. 木生火는 자신을 드러내거나 영역을 확대하려는 것을 말하는데 이후 계획이 없는 것이다. 그것은 이해득실과 상관없이 대외적인 것에만 치중된 계획임을 알 수 있다. 또한, 木生火는 에너지를 가장 많이 분출시키는 작용이므로 지출과 소모가 큰 것임을 알 수 있다. 물론 지지의 여부에 따라 결과적으로 그것이 본인에게 때론 이득으로 작용할 수도 있겠으나 천간의 상황으로만 봤을 땐 무한 확장만을 하려는 의도이므로 좋은 뜻이라고만 볼 수는 없다.

(2) 천간 합

천간 합은 운에서 온 상황이 나의 어떤 점과 부합되는 것을 말한다. 그것이 때로는 길할 때도 있고 흉할 때도 있으니 합 자체를 좋다 또는 나쁘다고 판단하기 어렵다. 그러나 천간의 합의 패턴을 살펴보면 합이 되기 전년에 충을 하였다가 올해 합을 하고 내년에 다시 충을 하게 된다. 그러므로 합은 작년에 충하여 버리거나 밀어냈던 것을 올해 다시 붙드는 형태를 말하는 것으로 다음 해에 다시 충하니 결국 현재의 합은 임시방편적인 합이거나 어쩔 수 없이 붙들어야 하는 상황임을 말한다. 합은 오행의 순환이라는 측면에서 볼 땐 오히려 자기 역할을 못 하게 하는 것이니 순탄하고 원만한 상황이라고 볼 수는 없다. 예를 들면 사주에 甲이 있는데 운에서 己가 왔다면 운에서 온 己로 인하여 甲은 木의 역할을 상실하게 되고 합으로 己한테 끌려가게 되는 현상이 나타난다.

‖ 예제 55 ‖

	辛	甲	

己

(세운)

　위 사주는 사주 원국에 甲재성이 있는데 운에서 己를 만났다. 남자라면 甲은 재성으로서 사회성이나 부인의 별로 볼 수 있는데 己土를 만나 甲이 甲으로서, 재성이 재성으로서의 역할을 할 수 없는 변질한 상황이 발생한다. 이는 재성이 인성과 합을 했기 때문에 돈이 묶인 것이고, 부인이라면 부인이 사회활동이나 재물 벌이에 치우쳐 부인으로서 해야 할 역할이 상실되는 것을 말한다.

(3) 천간 충

　천간 충은 운에서 온 글자가 내 사주 천간에 있는 글자와 충이 되는 것을 말하며 형이상적인 충을 뜻한다. 사주 원국에서 천간은 본시 그 사람의 이상으로서 천수상(天垂象) 하는 것이나 운에서 충을 하게 되면 천수상하려는 뜻을 버리게 된다. 가령 비겁이 있다면 원래 경쟁심과 야망이나 동업하려는 협동심을 말하는데 비겁을 충하면 그런 생각이 사라지면서 그와 관계된 일이 멀어지게 된다. 또, 식상이 충하면 식상은 자신의 능력이나 재능을 표현하는 것을 말하는데 그런 뜻이 사라지게 된다. 재성은 사회적으로 넓은 사회활동과 큰 세력을 넓히고자 하는 뜻인데 재성을 충하면 그런 뜻이 사라지고, 관성을 충하면 사회적으로 명예롭고 높은 지위를 얻으려고 하는 마음이 사라진다. 인성을 충하면 자격이나 학문, 후원자를 얻으려는 마음이 사라진다. 그 외에도 가족이나 육친 간의 관계도 충을 당하면 해당 육친에게 관심이 멀어지거나 뜻이 사라진다.

‖ 예제 56 ‖

일반적으로 충을 하면 원국의 기운이 사라지지만, 위와 같은 경우는 다를 수 있다. 사주 원국에 丙과 辛이 있어 乙이 왔을 때 乙木이 辛金을 충하려 하지만 乙木이 丙火로 소통하여 辛金으로 금화교역한다. 그래서 오히려

辛金의 작용이 사라지기보다는 乙未년에 辛金이 더욱 빛나는 상황으로 변한다. 이러한 상황은 辛金 입장에서는 乙未년에 오히려 놓으려고 하는 뜻을 품지만, 상황이 丙으로 생하여 辛金으로 교역이 되니 자신의 의도와 상관없이 辛金이 살아나고 가치가 높아진 것이다. 그러므로 乙년이 왔다고 하여 원국에 辛金이 있는 모든 사주가 충으로 깨진다고 보아서는 안 된다는 것을 알 수 있다.

4) 지지의 생과 합, 충 등 신살의 작용

(1) 지지의 상생

지지의 상생은 상황의 원만한 흐름을 말한다. 세상에 그 어떤 일이나 상황도 혼자 발생하는 것은 없다. 상황이란 반드시 그 대상이 있으며 그것과 나의 입장과의 상관관계로 인한 상황이 발생한다. 상생이란 일의 흐름이 앞으로 나가는 것을 말한다. 즉 일이 일사천리로 원만하게 잘 진행된다는 뜻이다. 그런 의미에서 상생이란 긍정적인 것으로도 볼 수 있지만, 상생이 반드시 좋은 것만은 아니므로 개념을 잘 정리하여야 한다. 일이 발전하는 것은 일이 점진적으로 커지거나 다음 단계로 잘 진행된다는 의미이다. 그러나 오행이 모두 상생하여 소통하는 경우라면 긍정적이라고 할 수 있겠으나 그렇지 않고 木生火만 한다든지, 金生水만 한다든지 하는 치우친 상생을 한다면 이는 반드시 좋은 상황이라 할 수 없다. 그러므로 상생은 상황이 발전적으로 연결되는 그 자체를 말하는 것이며 상생의 시작과 종결이 어떻게 되는지를 파악하여야 일의 길흉을 판단할 수 있다.

지지의 상생은 형이하적인 일의 발전을 의미하는 것이다. 그래서 일이 A에서 B가 되고 B에서 C로 연결되는 상황이 발생한다.

‖ 예제 57 ‖

위 사주의 예를 들어보면 세운에서 申운이 왔을 때 申은 亥를 생하고 亥는 다시 卯를 생하는 현상으로 상황이 만들어진다. 이는 오행적으로 金生水, 水生木이라는 사건이 발생한 것으로 해석하면 된다. 좀 더 자세한 해석을 곁들이기 위해서는 오행적 해석을 기반으로 육친을 붙여 최종적으로 해석하면 된다. 만약 金이 식상이라면 식상+재성+관성이 결합한 일이 생길 것이고, 金이 재성이라면 재성+관성+인성이 결합한 일이 생길 것이다. 이를 종합적으로 혼합하여 해석하면 金生水는 결과물을 저장하고 축적하는 것이고, 水生木은 축적된 자원을 새로운 일을 만들어나가는 것이니, 金이 식상이라면 장사나 사업, 직장에서 고정된 안정적인 수익이 창출되고 그 창출된 자금을 바탕으로 새로운 官을 얻기 위해 투자하고 움직인다고 할 수 있다. 사업자의 官은 새로운 사업을 위해 작은 투자를 하는 것이고, 직장인은 다른 직장이나 직업을 얻기 위해 준비하며 시도하는 것이다. 이러한 상황은 申년 에는 준비와 시도로 그칠 가능성이 크다. 왜냐하면, 木이 木生火로 이어지지 못하였기 때문에 과감한 시도를 할 수 없고 木의 특성이 오르는 것이지 펼치는 것이 아니기 때문이다. 즉, 사업자이든 직장인이든 문을 두드리는 차원에서 올해의 상황은 마무리될 것이다. 그래서 올해의 사건이 결국 어떻게 전개되는가는 다음에 오는 운의 흐름을 보면 시도하다 말 것인지, 아니면 결국 준비하고 계획한 대로 변화가 이루어질지 판단할 수 있다.

본 해석에서 고려하지 않은 부분이 있는데 그것은 대운이다. 세운의 흐름 은 대운의 흐름 속에서 흘러가는 것이기 때문에 대운의 환경을 고려해야 한 다. 왜냐하면, 대운의 환경에 따라 이러한 상황이 용두사미로 끝날 수도 있 고 과감한 변화나 투자가 될 수도 있으므로 대운의 상황이 결과적으로 申년 의 변화의 길흉화복을 결정하게 되는 것이다. 올해의 상황을 판단하는 것은 대운과 세운의 운기의 적절성을 보는 것이라 할 수 있다. 아무튼, 대운과 결 합하여 판단하는 것은 뒷장에서 설명할 것이니 본 단락에서는 상생을 판단 하는 법과 원리를 이해하면 좋겠다.

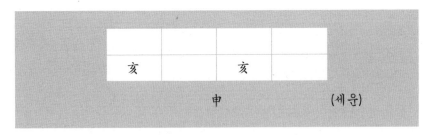

위와 같이 사주 원국에 亥水가 두 글자 있으면 어떻게 될까 생각해 보자. 글자 상으로는 申은 한 글자고 亥는 두 글자라 한 글자밖에 상생을 못 한다고 생각할 수 있다. 그러나 그러한 생각은 운이라는 개념을 잘못 이해한 것에서 비롯된 것이다. 올해가 申운이라면 태세가 되기 때문에 이는 전체성을 의미 한다. 온 천지가 모두 申金의 기운에 물들게 된다는 것이다. 그러므로 그보 다 작은 인간은 亥水가 두 글자가 되든 백 글자가 되든 상관없이 생이 되는 것이다. 가을에 서리가 오면 온 대지의 초목이 시들어가는 것과 같은 이치 다. 그러므로 이런 경우는 金生水가 두 군데에서 일어나게 된다. 金生水는 내가 얻는 소득이나 자산으로 고정되고 안정된 수익을 올리려는 것이니 그 러한 일들이 동시에 두 가지가 발생한다고 해석하여야 한다.

일반적으로 상생의 경우 木生火에서 끝나면 발전적 변화를 만들려는 것 이니 큰 비용이 발생할 것이고, 火生土하면 세력을 규합하며, 火克金하면 큰 이득을 좇는 것이고, 金生水하면 작아도 안정적 고정 수익을 만들고자 하는 것이며, 水生木하면 준비를 하고 작은 투자를 하는 것이다.

(3) 지지의 합

지지의 합은 형이하적인 일들의 만남을 말한다. 상생이 일의 단계적인 발전을 말한다면 합은 동시 다발적인 현상으로 일이 진행된다. 이를테면 申이 亥를 만나면 金生水로 발전하여 결과가 水만 남지만, 申과 子가 만나면 金生水가 마찬가지로 되지만 金과 水가 모두 남게 된다. 즉, 다시 말해 金生水는 金이 水를 생하는데 모두 소진되지만 金水합은 金이 水를 생하면서도 서로 돕고 돕는 관계가 되어 사라지지 않는 것이다. 합이 된 글자들은 그해의 드러난 상황으로 존재하게 되며 그해의 협력관계나 동반하는 관계가 된다. 그러니 결국 두 가지 상황을 처리해야 하는 문제가 생길 수 있고 상황은 바빠지면서 복잡해질 수밖에 없다. 이는 그해에 합이 많으면 많을수록 더욱 증가한다고 볼 수 있다.

지지합은 육합과 삼합, 방합 모두를 적용할 수 있다. 육합(六合)은 평소 알고 지내는 지인으로 인해 발생하는 인연을 말하고 삼합(三合)은 새롭게 알게 되거나 제삼자의 인연에 의해 발생하는 조건적 만남을 말하고 방합(方合)은 가족이나 절친한 친구에 의해 발생하는 인연을 말한다.

세운의 지지합은 그해에 벌어지는 형이하적인 만남을 의미한다. 즉, 어떤 일을 결합하거나 합의를 통해 인연을 짓는 것을 말한다. 세운은 대운의 방향성과 때에 따라 다르게 인연하게 되는 것이기 때문에 대운의 상황에 따라 세운에서 만나는 인연의 합이 긍정적일 수도 있고 부정적일 수도 있다. 그러나 분명한 건 대운에서 합이나 생을 하는 글자가 아닌 글자를 합하는 경우에는 큰 방향에서 자신이 추구하는 방향이 아닌 다른 방법을 잠시 모색하는 것이라 할 수 있다. 이를테면 대운에서는 재생관(財生官)을 하고 있는데, 세운에서 인생비(印生比)를 한다면 재생관의 큰 삶의 틀 속에서 삶을 살아가는 가운데 올해에 사건적으로 인성과 비겁의 행위가 이루어지는 일이 발생한다고 할 수 있다. 그러면 반대로 재생관의 틀은 약화하거나 깨지게 되는 방식이나 방법의 변화가 오는 것이라 할 수 있고, 이는 대운의 큰 뜻과 다른 것이니 재생관이 되지 않아 차선으로 인성(문서, 이권)과 비견(협력, 동반자)의 힘을 빌리려는 것으로 볼 수 있다.

‖ 예제 59 ‖

	辛	丁	
申	未	亥	子

甲
寅(대운)

乙
未 (세운)

위 사주는 甲寅대운을 만났다. 甲寅대운은 원국의 亥와 합하여 상관과 정재가 합을 하였다. 이는 상관생재(傷官生財)의 모습으로 전문성을 바탕으로 사회적인 세력을 넓히고자 하는 뜻으로 해석할 수 있다. 그러므로 甲寅대운에는 삶의 주된 목적으로 亥水를 사용하게 되는 것이다. 甲寅대운에 주로 식상을 쓰고 대운의 寅木에 丙火가 있어 위 사주는 사업보다 직장에서 전문직으로 일한다고 봐야 한다. 그런데 세운에서 乙未년을 만난다면 어떻게 될까 생각해 보아야 한다. 未土는 사주에 있는 식상의 활동을 억제하고 사주 원국의 未土를 도와 시지의 申金을 생하는 형태로 변화한다고 보아야 한다. 그러므로 인성과 록을 중심으로 한 방향으로 사회적 움직임이 변화된다고 봐야 한다. 물론 직업의 색깔이 바뀐다고 풀이해서는 안 된다. 왜냐하면 대운은 여전히 亥水와 손잡고 있으므로 그러한 분야에서 처음에는 전문성을 쓰며 일했지만, 올해는 회사에서 사업을 주도하는 일에 책임을 지게 되어 직접 일하는 일에서 손을 떼고 영업하고 관리를 한다고 봐야 한다. 그만큼 책임이 따르는 형태라고 볼 수 있다. 그래서 잘 되고 안 되고의 문제는 뒷장에서 거론할 것이니 지금은 이러한 형태로 대운의 합과 세운의 합이 변해간다는 것을 먼저 이해하는 것이 중요하다.

	癸		
午	酉	亥	卯

乙
未　　　　　　　　　　　　(세운)

　　위 사주가 乙未년을 만나면 원국의 亥卯와 합하고 午火와 거듭하여 합한다. 이때 亥卯未 합한 것이니 세 가지 상황이 어우러져 상황이 발생하고 또 시지에 있는 午火와 합하여 또 다른 한 가지 상황이 생길 것이다. 亥卯未는 무언가 배우거나 투자를 통한 일의 발전을 말하는 것이고 시지에 午未합은 대외적인 확장과 무한 욕망이라 할 수 있겠다. 또한, 이 두 가지 일은 전혀 다른 성격의 일이다. 亥卯는 서로 연결되어 있으니 관련된 일이 두세 가지 발생한다 하겠고, 午未는 시지에서 홀로 합하니 그와 다른 일에서 무한 욕망이 발휘된다고 할 수 있다. 결과적으로 이는 未년에 일지의 酉金과 소통하지 못하니 乙未년에 결과를 얻는다고 보기 어렵다. 만약 대운이 陽적이라면 큰 손실이 나겠지만, 대운이 陰적이라면 올해의 투자가 내년의 성과로 온다고 해석할 수 있다.

(4) 지지 충

지지 충은 그해에 멀어지는 것을 말한다. 그동안 다루었던 것, 함께 했던 사람, 또 일의 형태나 방식이 바뀐다.

충을 부정적으로 해석하는 경우가 많은데 충은 멀어지고 포기하는 사건일 뿐이지 그 자체를 가지고 길흉을 논할 수는 없다. 왜냐하면, 양이 지나칠 때 *만물은 발생(發生)과 혁희지기(赫曦之氣)로 변란이 생기는데 이때 운에서 木이나 火를 충하면 그 변란이 사라지게 되는 것이니 이때 발생한 충은 긍정적인 상황이라 말할 수 있고. 만물이 음기가 지나쳐 굳고 얼어붙는 현상인 견성(堅成)이나 유연지기(流衍之氣)가 되었을 때 만물은 갇히고 정체되어 마찬가지로 변란이 생기는데 이때 음기가 다시 양기를 충하면 만물은 더욱 굳고 얼어붙어 상황이 부정적으로 바뀌게 된다. 그러므로 충이란 어떠한 기운의 작용을 멈추고 정지시키는 작용일 뿐 길흉의 잣대로 보아서는 안 된다. 형이하적인 충은 현실적인 작용의 변화이기 때문에 눈에 보이는 현상의 충을 말하는 것이며 현실적인 측면이라고 할 수 있다. 그러므로 어떠한 일의 뜻이나 목적을 판단할 때는 천간의 작용을 보지만 그 뜻의 결과나 변화된 현실의 결과는 지지를 판단하는 것이고 지지의 충은 멀어지는 결과물을 통한 어떠한 결과를 나타내고 있다.

그 세운에서의 충이란 기운적으로 반대편의 기운을 만나는 것을 말하

---

* 發生, 赫曦, 堅成, 流衍之氣는 오행의 태과지기로『지천명리〈격과 그릇편〉』오행편에 설명되어 있다.

는데 일반적으로 충이나 격각(상문, 조객살)이 될 때 그 글자가 작용력을 상
실하게 된다.

亥卯未년엔 내 사주의 巳酉丑 글자가 충하고 격각한다.
寅午戌년엔 내 사주의 申子辰 글자가 충하고 격각한다.
巳酉丑년엔 내 사주의 亥卯未 글자가 충하고 격각한다.
申子辰년엔 내 사주의 寅午戌 글자가 충하고 격각한다.

‖ 예제 61 ‖

	甲	
	巳	

亥   (대운)

위 사주는 대운에서 亥水를 만나 사주 원국의 식신을 충하였다. 이렇게
되면 내 사주에는 식신이 있어도 운명에서 식신의 행위를 10년 동안 하지 않
으며 살아가게 된다.

	甲	
	巳	

甲　　　　　　　　　己
申(대운)　　　　　亥(세운)

위 사주는 甲木일주가 甲申대운 중에 己亥년을 만났다. 대운에서는 巳申합으로 식신을 쓰고 살아가는 대운이기 때문에 이 사주는 식신의 행위를 하며 살아간다. 그런데 운에서 亥가 와서 巳를 충하니 巳식신이 충하였으므로 나의 수단이 바뀐다. 큰 틀 속에서는 식신을 여전히 부여잡고 있는 것이므로 직장인이라면 업무가 바뀔 것이고 사업자라면 사업 아이템이 바뀌게 되는 것을 말한다.

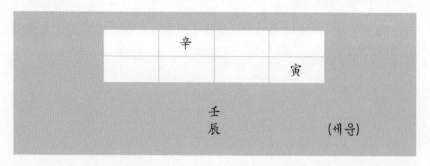

	辛	
		寅

壬
辰　　　　　　　　　(세운)

辛金일주가 壬辰년을 만나 년의 寅木이 辰土에 격각되었다. 충과 같은 현상이 벌어지는데 그해에 세운에서 천간에 壬水 상관을 보았으니 새롭게 변화하고 싶은 마음이 생긴다는 뜻이고 거듭하여 년의 寅木을 격각하였기 때문에 직업변동이나 큰 대세적 변화가 오게 된다는 것을 알 수 있다. 또한, 寅은 정재로서 내가 돈벌이를 하는 사회를 말하는데 그 터전에 변화가 오는 것을 말한다. 辰이 왔을 때는 寅木이 辰에 의해 격각된 것이므로 발전과 확장을 위한 변화라고 할 수 있고, 만약 申金이 와서 寅木을 충했을 때에는 안정과 수축을 위한 변화라고 할 수 있다.

(5) 세운에서의 지장간

세운에서의 지장간은 감추어져 잘 드러나지 않는 사건을 말한다. 또한, 합과 충이 아니더라도 지장간의 글자 자체가 일의 줄거리이며 과정을 이야기한다. 그러므로 지장간의 글자를 오행적, 육친적 방법을 적용하여 해석하면 된다. 세운의 지장간은 그해에 벌어지는 내부적인 이해관계를 말한다. 겉으로는 합이나 충, 형 등의 사건이 벌어지더라도 내부적으로 어떤 사안과 타협이 이루어지는 것을 판단하는 도구가 지장간인 것이다.

(6) 세운에서 각종 신살(형, 원진, 공망)

세운에서의 형이나 원진은 그해의 상황이 원만히 해결되지 않는 것을 말한다. 생은 자연스러운 연결과 전환을 말하고, 합은 뜻이 같아 하나의 뜻을 향해 합심하는 것이지만 원진은 일부의 뜻은 같으나 나머지 뜻은 같지 않다는 뜻이고, 형은 이해관계가 달라 갈등을 빚거나 분쟁이 생겨 조정, 타협 등으로 해결해야 한다는 뜻이다. 충은 과정에서 분쟁이 생길 수 있지만 깨져 없어지는 것이고 빠르게 해결되는 것이 보통이지만 형이나 원진은 오래 지속하고 앙금이 남는 것을 말한다. 일반적으로 교통사고나 부상도 여기에 포함된다. 또, 다리를 삔다거나 고질병도 여기에 해당하며 소송이 걸리는 문제도 형이나 원진에 해당한다. 먼저 대운에서 형이나 원진이 되어 있을 때 거듭하여 세운에서 원진하거나 형하면 크게 불길하나, 대운의 흐름이 무난할 때에는 세운에서 형이 오더라도 사소한 문제로 나타난다.

∥ 예제 64 ∥

	辛		
			巳

庚
寅   (세운)

　세운에서의 寅巳형이 되었다. 이때 어떻게 판단할 것이냐는 대운의 상황에 달려 있다. 대운이 부정적이고 막혀 있으면 형의 부정적인 영향도 크게 오고, 대운이 순탄하고 무난하면 작은 협의로도 해결되고 넘어간다. 또한,

육친적으로 년의 관성이 형이 된 것이기 때문에 큰 회사나 국가를 상대로 한 조정 분쟁이나 소송을 하게 되고, 건강상에서 머리 쪽의 부상이나 수술, 성형 등의 조정 거리가 생기게 된다. 이처럼 형을 무조건 부정적으로 해석하여서는 안 된다. 대운의 관계를 보고 또 근묘화실적 위치를 보아 형의 형태와 영향을 계량하여 판단하여야 한다. 대운이 좋을 때는 오히려 긍정적인 조정과 영향으로 해석하여야 하고 대운이 좋지 못한데 거듭하여 세운이 형이 된다면 부정적으로 해석하면 된다.

‖ 예제 65 ‖

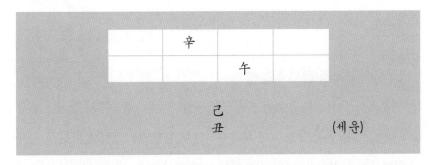

지지의 원진은 근본적으로 그해에 잘 해결되지 않는 일을 뜻하고 합도 아니고 충도 아닌 어정쩡한 상태가 되는 것을 말한다. 왜냐하면, 원진은 지장간에서 합과 충이 섞여 있기 때문이다. 원진이면 원만한 일의 흐름이 아니기 때문에 그해에 쓰기를 꺼린다. 그러한 운에서는 생이나 합으로 삶의 방향이나 결정이 원만치 않을 것이고 모두 격각이나 형이 되었을 때는 원진이 유일한 돌파구가 될 수 있는 것이므로 원진된 그해의 상황을 따라가게 된다.

위 사주는 월의 午火편관과 세운 丑土가 원진하였으니 직장에서의 불편한 상황이 전개되거나 원진이 의미하는 문제가 발생한다. 인성이 운에서 와서 관성을 원진하였다는 것은 직장에서의 일의 방향성이나 진행과정에서 문제가 발생했음을 의미한다. 또한, 직장에서 자신의 감투와 관련된 분쟁이나 불만이 생길 수 있다. 그러나 그 자체로서는 부정적으로 보일 수 있으나 원진 또한 대운이 좋고 그다음 해에 순탄한 상황이 기다리고 있다면 고진감래(苦盡甘來)의 성과를 거두게 될 것이라 할 수 있다. 그러므로 원진 그 자체만 가지고 판단하여서는 안 되고 오행적 큰 흐름과 다음에 오게 될 상황을 보고 현재의 일을 판단하여야 한다.

(7) 세운에서의 간지 적용법

세운에서 간지는 대운에서 간지의 적용법과 같다. 대운에서 합이나 생하고 있는 글자를 쓴다고 했는데 세운에서도 마찬가지로 그해에 합하는 글자와 인연하여 움직인다. 다만 대운에서 합이 되어 있을지라도 세운에서 그해에 합을 짓지 못하면 그해에 방향을 잃게 되어 잠시 혼란을 겪을 수 있다. 그러므로 세운의 간지를 적용하는 것도 모두 대운의 큰 틀 속에서 현재 세운의 근묘화실적 포인트가 어떤 상황인지를 판단하여야 한다.

간지는 앞에서 설명한 음양오행과 육친 그리고 합형충파해 등과 신살을 포함하여 최종적으로 올해에 어느 위치에서 사건이나 상황이 일어나는 것인지를 판단하는 것이다.

년은 국가적 사안, 월은 일반 사회적 사안, 일은 가정적 사안, 시는 먼 곳이나 미래 사안이라고 이미 설명한 바가 있다. 세운에서 이러한 근묘화실의 사안 판단도 대운의 상황에 따라 오랫동안 인연할 수 있는 사건적 만남이 이루어질 것인지 아니면 잠시 올해의 사건으로만 발생하고 끝나는 것인지를 알 수 있다. 가령 대운에서는 년을 합하거나 생하는데 세운에서 시를 생하거나 합을 한다면 올해에 잠시 벌어지는 사건이라고 해석해야 한다. 하지만 년을 세운에서 합하거나 생한다면 그동안 하고자 뜻하고 바라는 방향으로 올해 나아가고 인연한다고 해석해야 한다. 또 앞서 공부했던 충이나 형, 파, 원진 등의 해석 또한 근묘화실적 관점을 대입하여 어떤 공간과 상황에서 발생하고 전개해 나가는지를 판단하는 것이다.

‖ 예제 66 ‖

위 사주는 세운에서 己丑년을 만났다. 丑이 와서 사주 원국에 있는 글자

와 부합할 수 없고 오히려 戌은 형하고, 午는 원진하고, 亥는 격각하고, 辰은 파한다. 이것으로 보아 올해 운세는 원만치 않을 것이란 것을 한눈에 알 수 있다. 그러나 대운의 상황이 무엇이냐에 따라 부정적으로 해석할 것인지, 작은 부정과 혼란을 겪으며 넘어갈 것인지, 아니면 오히려 전화위복의 계기가 될 것인지 최종적 판단을 하면 된다.

‖ 예제 67 ‖

	辛		
辰	亥	午	戌
	寅		(세운)

위 사주는 寅년을 만나면 원국의 午戌과 亥를 합한다. 우선 재성이 와서 년월의 관인을 소통하였으니 큰 조직사회와 손잡고 일하게 되는 상황이 발생한다. 또한, 월의 상관과 인연하여 제조 생산 등이 결합한다든지 물건을 다루는 형태가 함께 이루어지는 것이라 할 수 있다.

(8) 세운에서의 12운성

12운성은 오행과 육친의 왕쇠강약과 흐름을 보는 것이다. 12운성의 왕쇠강약은 그 속에 합형충파해가 녹아들어 있으며 왕성한 것이 쇠약한 것을 억제하고 무력화시킴으로써 자신의 시대를 열어가게 된다. 종종 12운성의 흐름을 길흉의 잣대로 해석하는 경우가 있는데 이는 올바른 12운성의 용법이 아니다. 세운에서 12운성은 합형충파해와 동시에 왕쇠강약을 말하고 있으니 사건·사고의 상황으로 종종 쓰일 수는 있겠지만, 근본적 판단 방식은 올해 무엇을 지향하고 무엇을 배제할 것인지에 대한 감정적 흐름을 말한다. 12운성적으로 약화하여 있다고 해서 무조건 인생에서 배제되는 것은 아니다. 12운성적으로 흐름이 약할지라도 합이나 생으로 연결을 짓는다면 지향적 목적성은 약하지만, 해당 오행이나 육친이 올해의 사건이나 움직임에 반영될 수 있다. 또 12운성적으론 강왕한 흐름의 오행이나 육친이 올해 격각이 되거나 충, 형 등으로 흐름의 방해를 받는다면 이는 지향성이 강하기 때문에 상대적으로 큰 괴로움으로 느끼게 되는 것이다. 이처럼 12운성은 절대적 사건만을 말하는 것이 아니므로 12운성의 개념을 잘 이해하고 사용하여야 판단에 오류가 없다.

예를 들어보면 12운성적으로 재성의 흐름이 약하면 금전의 흐름과 유통이 약해지고 인성의 흐름이 강하게 되어 자신의 금전의 흐름을 약화하는 저축이나 투자 등으로 전환하게 된다. 그러면 당연히 현금 유통성은 줄어드는 것이고 미래 안정성은 높아지는 것이니 절대적 길흉화복과는 관계가 없고 단지 금전의 흐름만이 약화하였을 뿐이다. 반대로 12운성의 흐름이 재성이 강해지면 반대편의 인성이나 비겁의 흐름이 약화하므로 현재의 현금 흐름을 높이고 사회적 기반을 넓히는 것으로 전환하게 된다. 또, 12운성적으로 관성이 강해지면 사회적 기반에 의지하거나 보편적 사회질서나 체계를 갖추려 하지만 반대편에 비겁이나 식상이 강해지면 보편적 사회질서나 체계를 벗어나 자신만의 독립적 세계를 추구하려는 경향으로 나아간다. 이는 육친적으로 가족의 왕쇠강약을 적용할 수도 있고 사회 구성원들 간에 왕쇠강약을 적용하여 누가 선도하는 세계를 원하는지를 판단할 수도 있다.

생지의 해는 올해에 생겨나는 것이 무엇인지를 판단하면 되고, 왕지는 올해 무엇으로 중심의 자리에 서려는 것인지를 판단하면 되고, 묘지는 올해에 어떤 것이 희생, 상실되어 무엇을 얻게 될 것인지를 판단하는 것이다.

〈십이운성표(十二運星表)〉

〈陽 포태법〉

天干	長生 장생	沐浴 목욕	冠帶 관대	建祿 건록	帝旺 제왕	衰 쇠	病 병	死 사	墓 묘	絶 절	胎 태	養 양
甲	亥	子	丑	寅	卯	辰	巳	午	未	申	酉	戌
丙	寅	卯	辰	巳	午	未	申	酉	戌	亥	子	丑
戊	寅	卯	辰	巳	午	未	申	酉	戌	亥	子	丑
庚	巳	午	未	申	酉	戌	亥	子	丑	寅	卯	辰
壬	申	酉	戌	亥	子	丑	寅	卯	辰	巳	午	未

〈陰 포태법〉

天干	長生 장생	沐浴 목욕	冠帶 관대	建祿 건록	帝旺 제왕	衰 쇠	病 병	死 사	墓 묘	絶 절	胎 태	養 양
乙	午	巳	辰	卯	寅	丑	子	亥	戌	酉	申	未
丁	酉	申	未	午	巳	辰	卯	寅	丑	子	亥	戌
己	酉	申	未	午	巳	辰	卯	寅	丑	子	亥	戌
辛	子	亥	戌	酉	申	未	午	巳	辰	卯	寅	丑
癸	卯	寅	丑	子	亥	戌	酉	申	未	午	巳	辰

　　기초과정에서 공부한 12운성표이다. 12운성은 12포태법이라고도 하며 둘 다 같은 것을 말한다. 12운성은 일간 중심이 아닌 각 오행이 일정 시점에서 어떤 운기에 와 있느냐를 판단하는 것이기 때문에 운기별 12운성표를 잘 활용하면 쉽게 그해의 12운성적 운기를 판단할 수 있다.

‖ **예제 68** ‖

壬	丙	甲
申	寅	戌

庚
寅　　　　　(세운)

위 사주는 壬水일주이다. 甲은 식신이고, 丙은 편재이며, 戊은 편관이고, 申은 편인이 된다. 가령 운에서 庚寅년을 맞았을 때 운기를 보면 식신은 건록의 운기, 편재는 장생의 운기, 편관도 장생의 운기, 편인은 절의 운기가 된다. 위의 형태를 해석하면 식신은 나의 수단이고 무대이고 손님이 되니 장사하는 사람이면 시설을 확충하고 직장인이라면 직장 내에서 나의 역할이 많아져서 바빠진다. 재성이 장생지에 들어갔다는 것은 과거 절지, 태지, 양지를 지나왔으므로 금융을 활용하는 폭이 늘어나고 사업의 영역을 확대하게 되며, 직장인이라면 사회적으로 관리하고 지휘해야 하는 영역이 넓어진다. 관성이 장생지에 들었으니 사회적인 기틀의 모양이 잡혀가게 된다는 것을 의미한다. 명예를 좇아가는 사람이라면 자신의 이름을 높이기 위해 분발할 것이며, 직장인이라면 승진, 발전을 위해 회사의 방침에 충실하게 따를 것이다. 편인은 절지에 이르렀으니 미래를 준비하고자 하는 여유가 사라지고 만약 학생이라면 공부가 잘 안 된다고 본다. 학생은 본분이 공부인지라 재성과 식상이 왕성해지면 대외적 활동이나 연애사, 돈벌이에 관심을 두게 되어 학문적 장애가 따른다. 학생은 인성이 장생하여 왕(旺)해지는 흐름으로 갈 때 학업 성취도가 높아지기 때문에 사람의 상황이나 입장에 따라 견해를 달리 봐야 한다.

‖ 예제 69 ‖

	丁	壬	甲
	亥	申	戌

庚
寅   (세운)

　위 사주는 丁火 일주이다. 戌土를 상관으로 쓰고, 申金을 정재로 쓰고, 壬水를 정관으로 쓰며, 甲木을 정인으로 쓴다. 그러면 庚寅년이 오면 상관은 장생지가 되고, 정재는 절지가 되며, 정관은 병지가 된다. 위의 형태를 해석하면 재성이 절지여서 금전 흐름(남자의 경우에는 배우자 포함)이 약화하고 더불어 충이 되기 때문에 분리, 단절의 변화가 발생한다. 절이란 이별 분리되어 허공을 떠도는 상태이니 존재적 가치가 사라진 것을 말한다. 물론 대운의 상황에 따라 완전한 이별이나 분리라고 볼 수도 있고, 올해 잠시 발생하는 작은 변동으로 볼 수도 있다. 상관이 장생하였다는 것은 일반적으로 새로운 변화나 개혁을 말하는 것이지만 위 사주는 戌土를 상관으로 쓰기 때문에 오히려 戌이 寅을 만나 허물어지는 변화를 겪게 된다.

(9) 세운에서의 12신살

　세운에서 12신살은 대운의 12신살의 적용과 유사하므로 대운의 12신살적 해석을 이해하면 세운의 12신살도 유용하게 활용할 수 있다. 세운에서 12신살은 자신의 띠를 기준으로 본다. 기초과정에서 12신살의 개념을 설명하였지만, 본서를 처음 보시거나 아직 이해가 부족하신 독자분들을 위해 12신살의 원리를 간단하게 다시 설명하겠다.

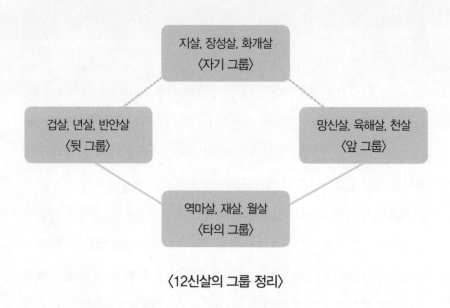

〈12신살의 그룹 정리〉

가령 내가 亥卯未띠일 때 亥卯未운을 만나면 같은 木국의 운을 만난 것이므로 '자기 그룹' 운을 만난 것이고, 寅午戌 운을 만나면 미래의 운을 만난 것이기 때문에 '앞 그룹' 운을 만난 것이고, 巳酉丑운을 만나면 정반대 기운을 만난 것이기 때문에 '반대 그룹'을 만난 것이고, 申子辰 운을 만나면 과거 기운을 만난 것이기 때문에 '뒷 그룹' 운을 만난 것이다. 나머지 띠는 위의 경우를 응용해서 생각하면 된다.

① 자기 그룹 운일 경우 주도하게 되고 우위에 있는 위치에서 일의 변화
   나 사건이 발생한다.

② 뒷 그룹 운일 경우 주도하여 우위의 위치에 있으니 무리를 이루어 타
   인을 이끌 처지에 놓인다.

③ 반대 그룹 운일 경우 주도권을 잃어버리는 운이다. 일반적으로 역마의
   운이므로 타의적인 사건이나 변동사가 발생하게 된다.

④ 앞 그룹 운일 경우 나보다 앞서가는 존재를 만나는 것과 같으니 나보
   다 우위에 있는 처지인 사람과 만나게 되어 고개를 숙이고 따라가는
   운이다.

세운에서 만나는 12신살은 그해의 삶의 큰 대세와 방식을 결정하게 된
다. 또한, 12신살의 각각의 의미에 따라 그와 유사한 형태로 일의 처리방식
이 만들어져 나간다고 볼 수 있다.

쉼터

사람을 알아보는 법

좋은 배우자감을 얻으려면…,

그 사람이 진실한지를 보고, 둘째 선함을 보고, 셋째 현명한지를 보고 얻으면 일등 배우자다. 능력이나 외모의 달콤한 속삭임은 가장 마지막에 염두에 두어야 할 부분이다.

좋은 사업 파트너를 얻으려면…,

그 사람이 진실한지를 보고, 둘째 선함을 보고, 셋째 현명한지를 보고 얻으면 좋은 파트너다. 그 사람이 가지고 있는 역량이나 달콤한 제안은 가장 마지막에 염두에 두어야 할 부분이다.

좋은 스승을 얻으려면…,

그 사람이 진실한지를 보고, 둘째 선함을 보고, 셋째 현명한지를 보고 얻으면 믿고 따를 스승이다. 그 사람의 명예나 감투, 직책, 직분은 가장 마지막에 염두에 두어야 할 부분이다.

어리석은 이는 마지막으로 염두에 두어야 할 부분을 가장 우선시 생각하여 계속 실망과 갈등을 겪게 된다. 모든 법은 한 법으로 통하며, 그 한 가지를 볼 수 있는 혜안만 있으면 삶의 평화는 오래갈 수 있다.

제 4 장

대운과 세운의
최종 판단

1. 사주 원국과 대운과 세운의 조화

현재의 운세는 원국의 짜임과 대운의 환경 그리고 올해에 만나는 세운에 따라 총괄하여 판단할 수 있다. 운세 판단에 있어 살펴야 할 것은 일반적으로 자신의 상황을 판단하는 관점이 보통 객관적이지 않다는 것이다. 매우 주관적이며 현재의 주관적 입장에서 무언가를 이루거나 얻을 수 있는가를 생각하게 된다. 예를 들면 재산이 100억이 있는 사람이 올해 20억을 잃으면 80억이 남아 있음에도 불구하고 운이 좋지 못하다고 생각하게 된다. 이는 항구적 발전과 무한한 증식을 원하는 욕심에서 나오는 관점이다. 인문학적 소양을 닦지 않은 현대인 대부분은 그러한 관점에서 자신의 처지를 판단하기 때문에 현재 가지고 있는 것보다 과거보다 재산이 얼마나 많이 늘었는지 지위가 올라갔는지를 관점으로 삼기 때문이다. 여기서 판단할 수 있는 것은 이 사람이 모든 것을 잃은 것이 아니라면 원국과 대비하여 대운의 흐름은 긍정적인 흐름이라고 말할 수 있다. 원국의 그릇과 대운의 흐름이 일치하지 못하면 100억이라는 재물의 축적은 이루어질 수가 없으므로 일단 긍정적 흐름을 타고 있는 것은 의심할 여지가 없는 것이다. 그런데도 당사자는 올해 20억이 줄었기 때문에 좋다는 생각을 갖지 않는다. 그러므로 최종적인 통변을 해줄 때는 그 사람이 받아들일 수 있는 적절한 통변술이 필요하다. 또한, 세상의 길흉화복의 관점은 지위나 금전으로만 말할 수 있는 것이 아니니 진리적 가치와 이상적 가치가 무엇일까 공부하는 사람 스스로 깨달아 가야 하는 숙제가 될 수 있다.

대운의 좋고 나쁨은 원국에서 부족한 기운을 채워주거나 막힌 부분을 뚫어주거나 강한 것을 설기를 해줄 때 모두 긍정적 현상으로 나타나게 된다. 이는 용신적인 개념과는 다를 수 있다. 용신의 개념은 절대적 지위를 가지고 인생 전반에 걸쳐 용신의 글자가 오거나 그것을 돕는 운이 올 때 운을 긍정적으로 바라보는 개념이지만 위 개념은 평생을 통하여 특정 오행 한 가지를 정하여 그것을 관점으로 사주를 푸는 것이 아니라는 뜻을 가지고 있다. 이를테면 겨울에 태어난 사람은 일반적으로 추우므로 木이나 火를 용신으로 삼지만, 필자의 논리는 춥더라도 원국에 火가 있고 또 다른 글자로 배합되었을 때 각 글자 간의 소통을 이루어주는 글자를 만났을 때 길하다는 의미이다. 그러므로 이는 때로는 木이 될 때도 있고 金이 될 수도 있으며, 때론 水나 火가 될 수도 있다는 의미이다. 그러므로 사주 원국의 조건을 분석하고 대운을 해석하는 것이 중요하고, 특정 조건에만 치우쳐 해석하는 것이 아니라는 의미이다. 해석의 열쇠는 각 글자 간의 소통이 열려 있는 형태를 보아 길흉화복의 질과 크기를 가늠해야 한다. 사업도 소통이 안 되면 망하게 되고, 건강도 소통이 막히면 죽게 되는 것이니 만물의 길흉의 이치는 원국의 글자와 운의 조합이 소통을 열어주는 것인지, 아니면 오히려 소통을 방해하는지를 보아야 정확하게 판단할 수 있다.

세운은 그 대운 안에서의 세운적인 의미가 있다. 이를테면 午년이면 火氣가 강한 세운을 말하는데 水대운의 午火, 木대운의 午火, 金대운의 午火, 火대운의 午火는 능력이 각각 다를 것이다. 이러한 각각 다른 상황이 사주 원국에 음양오행적으로 어떠한 영향을 줄 것인지에 대한 판단이 정확하게 세워져 있어야 올해의 길흉화복을 비로소 올바르게 점칠 수 있게 되는 것이다. 이는 사계절의 태양의 질량과 역할이 각각 다른 것을 생각하면 쉽게 이해할 수 있다. 그리고 『지천명리〈격과 그릇편〉』「육십갑자」에 보다 자세히 설명되어 있다. 이처럼 원국과 대운의 음양오행을 판단하여 오행이 완벽히 소통되는지, 일부만 소통되는지, 소통이 완전히 막혔는지를 가려 대운의 상황과 올해의 관점을 유추하면 된다. 그다음으로 육친을 붙여 무엇이나 어떤 방식을 통하여 잘되거나 잘못되는지를 판단하고, 형충파해와 신살 등을 종합하여 무슨 일을 하다가 어떤 사건이 벌어져서 좋다거나 나쁘다는 해석으로 결론 내리면 되는 것이다.

2. 대운과 세운의 실전 감정

|| 예제 70 ||

乙	庚	壬	己	
酉	辰	申	亥	乾 57세

56	46
丙	丁
寅	卯

위 사주는 먼저 申월의 酉시에 태어난 온도와 습도를 생각해야 한다. 申월을 차가운 음기로 해석하는 경우도 있으나 이는 온도와 습도의 판단에 있어서 큰 착오이다. 왜냐하면, 申월은 일반적으로 현대인의 휴가철이 도래하는 시기로 매우 무더운 시기를 말한다. 그러므로 양기가 지대하게 많은 사주로 봐야 하는데 酉시에 태어났으니 어느 정도 양기가 누그러지고 수렴의 시간으로 접어드는 때를 말한다. 그러므로 사주에 火金의 조화를 이루었다고 봐야 한다. 이렇게 되면 대지는 뜨겁고 마르게 되는데 중화를 이루기 위해서는 水木의 조화가 필요하다. 위 사주는 亥년에 태어나 水기를 얻었고 辰날 태어나서 木氣도 갖추었다. 사주 천간이 덥고 건조한 때에 壬水와 庚金이 투출하였고 己土와 乙木이 조화를 이루었다. 한마디로 어느 정도의 조

화를 잘 이루었다고 볼 수 있다. 대운에서 丁卯대운을 만나 천간의 丁火가 庚金을 금화교역하여 대외적인 성과를 얻게 되고 최고의 자리에 오르게 된다. 또한, 卯木이 지지에서 亥水와 합하여 조화를 갖추었으니 운세가 매우 길하다고 할 수 있다. 이 사주는 상장기업 대표가 되었고 丙寅대운 또한 사주의 소통이 길하니 사업이 잘된다고 볼 수 있다. 대운의 흐름이 木대운이 므로 투자를 받았다고 볼 수 있고, 木대운에는 火의 기세가 강해지므로 사업의 확장이 지속해서 이루어진다고 볼 수 있다. 丙寅대운에는 지상에 음기가 강하게 드리워지고 다음에 丑대운이 오고 있으므로 복잡한 현실에서 벗어나고자 하는 뜻을 갖게 된다. 이와 같은 상황이 이 사주의 대운의 환경적인 해석에 해당한다. 원국에서 원래 火의 기세가 강하고 대운에서 木의 기세가 강하기 때문에, 세운에서 木과 火의 세력이 커질 때 사업이 확장되지만, 부담이 크고 소모가 많아지게 된다. 그러나 金의 조력이 좋아 사업이 망하거나 부실해지는 지경이 되지 않고 약간의 손실과 투자실패의 운이라고 봐야 한다. 이런 사주는 金水세운에 안정되어 사업을 축소하고 비용을 절감하여 이익을 내게 되는 것으로 보아야 한다. 그러므로 세운의 해석은 원국의 조화와 대운의 상황에 따라 달리 보아야 하고 그것에 의해 통변의 변화가 오게 되는 것이다.

庚	丁	癸	辛	
子	未	巳	酉	乾 35세

28	18	8
庚	辛	壬
寅	卯	辰

위 사주는 巳월의 子시에 태어났다. 巳월은 만물이 열매의 망울을 맺는 계절로 가을의 결실을 준비하는 때이다. 그래서 세상의 가치 높은 이권을 향해 나아가는 때를 말한다. 巳월의 밤은 치열한 문명에서의 전투를 마치고 사람과 초목이 편안히 휴식하고 안정을 하는 때이다. 밤의 시간은 만물이 죽은 듯 고요한 적막이 흐르지만, 내일을 위한 잠깐의 휴식을 말한다. 그래서 고요한 듯해도 내면은 치열한 생존경쟁의 분투가 이루어지는 시간이다. 한밤중에 태어났으니 아침을 잘 열기 위해서는 木이 필요한데 사주 원국에 木이 약하게 태어났으나 운에서 木운을 만났다. 그러한 木은 巳월에 치열한 경쟁을 할 수 있는 원동력이 되어 삶의 가치 높은 결과를 얻어낸다. 위 사주는 외국어 고등학교를 나와 서울대학교에 들어가 박사학위까지 취득한 사람이다. 최고의 학벌과 지위는 비록 나이가 어릴지라도 조건을 갖추면 이루어지는 것이며 사주 원국과 대운의 만남이 만들어낸 걸작이라 하겠다. 이 사주는

현재 상황으로 보아 인생 최고의 길을 걸어갈 것으로 보이지만 사주에 木이 약한 연유로 木운이 끝나면 최고의 자리에서 물러나게 될 것이다. 물론 중년에 맞이하게 될 水운이 매우 부정적으로 보이지는 않지만, 그 시절의 최고의 지위와 재물을 얻는다는 의미가 아니라는 뜻이다. 그러므로 이 사주의 전성기는 庚寅대운까지로 보아야 하며 그 이후의 운은 중상류층 정도의 삶을 살아갈 운명이라고 본다.

사주가 중화를 이루고 있다는 것은 어떤 운이 와도 대체로 소화를 잘해낼 수 있다는 뜻이기도 하다. 일반적으로 여름에 태어난 사주가 대운에서 木운을 걸어갈 때 세운에서 木이나 火세운을 만나면 양기가 치솟아 올라 부정적으로 해석하지만 위 사주와 같이 金水의 조화를 갖추고 있으면 木火세운에 발전 지향적으로 나아가 소모지출이 많아져도 큰 틀이 무너지지 않기 때문에 세운에서 金水를 만날 때 안정하고 木火세운에 노력한 투자의 결실을 얻게 된다. 또한, 위 사주가 중년에 水대운을 만난다면 陰으로 치우치게 되는데 丑이나 子운을 만날 때 未중 乙木의 활동이 정지되어 안정적이기는 하지만 발전성을 잃어버린다. 그래서 고정된 삶의 틀 속으로 굳어지고 오랜 세월 한 가지 성질의 일에 묶이게 되니 삶의 균형은 유지해도 발전은 하지 못한다. 이런 경우에는 세운에서 木운을 만나면 변화가 일어나 일시적 발전을 이루게 되어 긍정적으로 사용하게 되는 것이다.

丙	壬	辛	乙
午	戌	巳	巳

乾 51세

41	31	21
丙	丁	戊
子	丑	寅

위 사주는 巳월의 午시에 태어났다. 巳월은 만물이 결실을 보기 위한 경쟁이 시작된 시기로서 午시에 태어났다고 함은 그 경쟁에서 우위를 점하고자 하는 뜻을 품게 된다. 또한, 세속적이고 외세 지향적인 기질을 가졌는데 사주 원국에 戌土를 가졌으니 양의 극단을 조절하는 능력을 갖추고 있고 금화교역하는 능력이 있다. 이 사주가 학문을 잘하려면 木을 보아야 하는데 어려서 木운을 걸어와서 공부를 잘하였다. 만약 이렇게 조열한 사주가 어려서 金운을 본다면 건조해져 오히려 학문을 그르치게 된다. 木운을 만났다는 것은 출세하고자 하는 뜻에 따라 학문의 성취를 이뤄나가는 것이라 할 수 있고 30대부터 丑운을 만나 조후를 갖추게 되어 삶이 고정적이고 안정적인 틀 속으로 들어가게 된다. 위 사주는 재성이 火이고 그 재성을 쓰는 직업을 선택하여 은행가가 되었다. 41세 丙子대운에 지점장이 되었다. 木도 없는데 운세의 흐름이 좋은 것은 더운 여름날 水대운을 만났으니 여름에 촉촉한 비가

내리는 것과 같다. 그러므로 초목은 더욱 무성해지고 번성할 수 있는 상황이므로 사회적 출세가 가능해지는 것이다. 그러므로 사주를 볼 때는 그 사주의 환경을 유심히 관찰하고 분석하여야 한다. 위 사주가 만약 밤에 태어났다면 오히려 초목이 휴식하는 상황으로 들어가게 되니 위와 같은 번영이 아닌 일신의 편안함을 찾게 된다.

대운이 水대운이므로 세운에서 木火운이 올 때 번영이 찾아온다. 만약 운이 水세운을 만난다면 여름에 음기가 너무 강해지고 비가 너무 많이 내리는 격이나 水를 제어하는 戌土가 무너지는 子丑세운에 흉이 찾아오게 되는 것이다.

‖ 예제 73 ‖

丙	壬	辛	甲	
午	戌	未	戌	乾 22세

21	11	1
甲	癸	壬
戌	酉	申

위 사주는 [예제 72]의 사주와 약간 유사해 보인다. 그러나 巳월과 未월은 기운에서 큰 차이를 보인다고 할 수 있다. 巳월은 만물이 결실을 만들어

가는 시기인지라 세속적인 출세에 적극적이지만 未월은 맺어진 열매를 더 위로 익히고 습으로 길러야 하는 때이다. 그러므로 巳월생은 매우 현실적이고 전략적이지만 未월생들은 그렇지 못하기 때문에 출세를 위한 줄서기에는 그리 능숙하지 않다. 그러나 중립적이고 목표를 향한 기다림과 끈기 그리고 중용적 처세가 좋아 외면적인 인간관계를 유연하게 형성할 수 있는 기질을 갖게 된다. 고로 未월에는 양이 지나쳐 대지를 뜨겁게 달구고 만물이 늘어지고 말라 죽을 위기에 처한 상황이다. 그러므로 무엇보다 水의 조절력을 얻어야 원만하게 가을의 결실을 얻을 수 있다. 위 사주는 未월의 午시에 태어나서 양기가 더욱 극렬한데 사주에 양기를 조절할 만한 글자가 戌土밖에 없다. 未월의 戌土는 양기를 조절할 능력이 부족한 것이다. 하여 未土와 형이 되고 그 역할을 원만히 수행하지 못하는 것이다.

어려서 金대운을 만났다. 사주 원국에 水가 있었다면 金대운에 공부를 안 할지라도 재물 벌이에 관심을 두게 되어 물질을 향하지만 원국에 水가 부족하여 金生水를 못한다. 申운은 壬水를 장생하여 원만하지만 11세 酉대운을 만나 모든 기운이 金으로 수렴된다. 하여 치열한 불꽃 속에 맺어진 열매는 온전할 수가 없다. 양기가 모두 흩어지고 날아간 金은 바싹 마른 열매와 같아 먹을 수 없다. 그러므로 공부를 잘하기 어렵다. 또한, 건강에 문제가 생긴다. 그래서 이 사주는 중학교 시절부터 육종암을 앓아 현재까지 투병 중에 있다. 어린 시절부터 큰 고통을 겪으니 실로 안타까운 일이 아닐 수 없다. 乙亥대운부터 운이 돌아온다. 金대운을 걸어갈 때 세운에서 오직 水운을 만나

야 좋다. 그 외에는 어떠한 운을 만나도 발전하기 어려운 상황이다. 乙亥대
운으로 들어가면 드디어 만물이 윤택해지니 늦깎이 공부도 잘되고 재물도
생기며 건강도 좋아지게 될 것이다.

|| 예제 74 ||

壬	甲	戊	庚	
申	子	子	午	乾 26세

34	24	14	4
壬	辛	庚	己
辰	卯	寅	丑

위 사주는 子월의 申시에 태어났다. 子월은 한랭한 때인데 申시에 태어
났으니 양을 얻었다. 또한, 년지에 午火가 투출되어 양을 얻었지만, 사주 지
지에 木이 없다. 그래서 만물이 싹트는 데 지장을 받고 있다. 子水는 군화의
성질이고 木의 씨를 갖고 있지 못하며 오히려 辛金을 장생하는 역할을 하기
때문에 木氣를 통한 소통이 시급하다. 14세 庚寅대운을 만나 한때 공부를
잘하였다. 사주를 자세히 보면 午火가 申을 금화교역하는 데 지장이 있다.
왜냐하면, 午는 火의 성질을 따라가고 申은 水의 성질을 따라가기 때문에
원만한 교역이 이루어지지 않고 오히려 상극하는 경향을 가진다. 이때 상극

을 막고 水火의 기운을 원만히 소통시켜주어야 운세가 살아나는 것이다. 그래서 寅대운에는 申酉戌세운을 만나야 운세가 상승한다. 하여 중학교 시절에는 성적을 상위권으로 유지했다. 그러나 다시 亥子丑세운을 만나면서 성적이 떨어졌고 가정 형편 등의 여러 가지 이유로 대학에 진학하지 못하였다. 辛卯대운은 卯가 火를 생하지 못하고 원진으로 申金과 인연하니 역학 공부를 하였고 현재 철학 관련 회사에서 근무 중이다. 壬申은 록(祿) 공망(空亡)이고 관성과 인성이 공망이 되어 역학에 관심을 두고 공부하였다. 또한, 그와 관계된 곳에서 일도 하는 것이다. 壬辰대운은 申, 子, 辰으로 합을 하는데 子월생이 辰으로 양을 채우고 辰 중에 木을 얻었으며 申子로 金水의 기운을 모두 채웠으니 운이 좋아진다. 辰은 용을 말하며 육친적으로 재성이니 학문적으로 사람을 가르치고 길러내는 일을 하게 될 것이다. 이때는 火세운과 金세운이 가장 길하고 대체로 모든 세운을 무난하고 원만하게 살아가게 될 것이다. 이처럼 원국과 대운의 만남에 따라 세운의 통변이 달라지는 것이니 원국의 분석을 먼저 철저히 한 연후에 운을 분석하면 그 팔자의 길흉화복을 정확히 예측할 수 있게 된다.

己	乙	丁	丙	
卯	丑	酉	寅	坤 30세

23	13	3
甲	乙	丙
午	未	申

위 사주는 酉월의 卯시에 태어났다. 酉월은 오곡백과가 풍요로운 계절로 卯시에 태어났으니 새로운 창조물을 만들어나가려 한다. 酉월의 창조물은 빈곤을 해결하기 위한 절대적 창조가 아닌 삶의 질을 더욱 높이기 위한 품위와 여가 낭만을 얻기 위한 창조물이다. 범띠로 태어났는데 酉월의 寅木은 매우 정신적인 것이고 천간에 丙火가 있으니 순수하며 낭만적인 창조성을 말한다. 酉월의 丙火는 만물을 모두 익혔으니 더는 물질을 만드는 데 뜻을 두지 않는다. 酉월의 丙火는 따뜻한 햇볕이나 평화를 만끽하는 태양이므로 그 뜻이 순수할 수밖에 없다. 위 사주는 두 종류의 木이 있는데 卯木은 품위와 여가, 낭만을 즐기는 도구를 만드는 데 쓰고, 寅木은 정신적 순수함을 창조해나가고 만들어 가는 데 쓰는 것이다. 그러나 사주지지에 火를 보지 못하였으니 창조의 능력을 펼치는 능력을 갖추고 태어나지 못한 것이다. 酉월의 아침에 태어나 젊은 시절 잠시 치열한 사회활동의 경험을 하게 될 것이지만 결

국 위 사주가 가고자 하는 것은 丑土의 음지를 향하는 것이니 마음속으로 丑土의 상을 원하고 그리워하며 언젠가는 그곳을 향해갈 것이라 마음먹게 되는 것이다. 위 사주에서 丑土는 재성이면서 관성과 인성이 암장 되어 있으므로 정신적인 학문을 좋아하고 그러한 분야의 사회활동과 인연도 있게 될 수 있다. 위 사주는 乙未대운에 卯木과 합하니 패션 디자인을 배워 의류 디자이너로 활동하였다. 과정에서 바쁜 사회활동을 하였으나 삶의 만족과 큰 성과를 얻지는 못하였고 甲午대운에 이르러 디자인 계통의 일을 그만두고 현재는 철학계통의 사무실에서 사무와 출판 관련 일을 돕고 있다. 그 이유는 甲午대운에는 卯木을 파하고 寅木과 합을 하므로 순수한 정신세계를 지향하고 공부하는 것을 추구하는 것이며 甲午년에 인연하여 현재까지 근무 중이다. 甲午대운은 양기가 강하므로 木세운과 火세운에 운이 좋지 못하다. 하여 癸巳년 甲午년에 전에 다니던 회사 대표와 관재 시비가 따랐으나 甲午년에 별 무리 없이 잘 마무리되었다. 甲午대운에 寅木이 丑土와 암합하여 직장생활을 하게 되는 것이며 丑 중 辛金의 입장에서 丑土는 인성이 되므로 철학계통의 회사도 되는 것이다. 酉월 卯시생이 丑土의 관직을 얻는 것은 휴식과 편안함을 얻은 것이라 좋지만, 아직 세운이 양기가 강한 未세운이라 금전의 벌이나 축적이 원만히 이루어지는 때는 아니다. 다만 세운이 金세운을 거쳐 水세운으로 가고 癸巳대운으로 바뀌면 금전운이 좋아진다.

乙	己	辛	丁
丑	酉	亥	酉

乾 59세

58	48	38
乙	丙	丁
巳	午	未

위 사주는 亥월 입동절(立冬節) 丑시에 태어났다. 그런 가운데 酉金이 지지에 있으니 사주가 陰적으로 많이 치우쳤다. 그러나 천간은 乙木과 丁 火, 辛金이 있어 대외적인 성향을 보인다고 할 수 있다. 이 사주는 천간의 구 조가 좋으며 지지에서 무엇이 변화했을 때 운세가 좋아지는지를 아는 것이 핵심이다. 지지는 비록 陰적이라도 천간은 대체로 용·희신이 투출되어 있 고 또한 정신적 조후를 만족하니, 이 사주는 지지가 얼마나 받쳐주는지가 이 사주 풀이의 관건이 될 수 있다. 이 사주는 그 어떤 대운이든 지지에 무조건 火운을 만나야 한다. 왜냐하면, 사주에 木도 없고 火도 없어 암울하지만, 亥 중 甲木이 있는데 亥 중 甲木은 火를 만나면 피어오르기 마련이다. 그러면 火대운을 만나면 亥 중 甲木이 나오고 火 또한 얻었으니 '노총각이 예쁜 마 음씨 고운 여자를 만난 셈'이라 어찌 말할 수 없겠는가? 다시 말해 없는 집 안에 갑자기 소 한 마리 생긴 격이다. 이런 운에 욱일승천(旭日昇天)하게 된

다. 그래서 위 사주는 젊어서 상장기업 직원으로 근무하다가 丁未대운 己卯년부터 甲申년까지 초고속 승진으로 임원이 되었다. 그러나 丁亥년에 회사 변화로 퇴사하였으나 2008년 코스닥 기업 임원으로 다시 기용되어 현재까지 등기 이사를 역임하고 있다. 그 과정에서 88년 戊申대운 戊辰년에 버거씨병(Burger's disease) 판정을 받아 수술 후 완쾌되었으며 이후 97년 丁丑년에 위암 판정을 받아 위 전체 절제 수술을 받은 후 현재까지 건강하게 지내고 있다. 사회적으로는 잘 풀렸지만, 과정에서 건강이 좋지 못하거나 갑자기 퇴사를 당하는 일이 발생한 것은 팔자 원국 안에서 조화를 원만하게 이루지 못하고 운에서 조화를 이루었기 때문에 인생의 기복을 겪게 되는 것이다. 亥 중 甲木은 연약한 것이지만 火를 얻지 못하여 金氣가 강한 환경에서는 곧 상처를 받게 된다. 이 사주의 관성은 오직 亥 중 甲木에만 의지하고 있으므로 亥 중 甲木이 잘 살아날 수 있는 子에서 未세운까지 발전하지만, 申酉戌세운에서는 관운이 쇠퇴하게 된다. 그러나 곧바로 다른 직장에 다시 복귀하게 된 것은 세운의 흐름이 子년에 이르러 亥 중 甲木을 다시 살리기 때문에 그러한 것이고 이후 임원으로서 현재 乙未년까지 사회적으로 원만한 보존과 발전을 이루어낸 것이다. 내년부터 申酉戌이 올 때 亥중 甲木이 쇠퇴하게 되어 곧 회사를 그만두게 될 것이지만 대운이 乙巳대운이므로 새로운 제3의 인생을 살아가게 될 것으로 생각한다. 乙巳대운은 관은 미약하고 인성과 식상을 주도적으로 쓰게 되니 학문성과 자신의 재능 중심의 사회활동을 하게 될 것이며 오히려 사회적인 성취는 직장생활 이상의 성취를 거둘 수 있을 것으로 보인다.

辛	壬	乙	丁	
丑	辰	巳	丑	乾

73	63	53	43	33	23	13	3
丁	戊	己	庚	辛	壬	癸	甲
酉	戌	亥	子	丑	寅	卯	辰

　　위 사주는 세종대왕의 사주다. 이는 『조선왕조실록』 상에 기록된 내용을 바탕으로 뽑아낸 사주이기 때문에 생시를 제외하고 나머지는 정확하다고 볼 수 있다. 생시는 辛丑시로 추측하였는데, 그 이유는 년간 丁火가 金을 보지 못하면 큰 업적이 없는 것이기 때문이다. 만약에 천간에 金이 없으면 칼은 멋지다고 소문났는데 그 칼을 평생 쓸 데가 없는 것과 다를 바가 없는 것이다. 위 사주에서 金은 인성이 되는데 인성은 학문을 말한다. 丁火로 세종대왕은 말년에 금화교역하였으니 인성의 업적을 남겼다. 지금 우리가 알고, 쓰고 있는 한글이나 농사직설, 동국통감, 악학궤범, 집현전 설치 등 수없이 많은 학문적 업적을 남겼기 때문에 시를 丑시로 본 것이다. 또한, 巳월의 丑시는 문명이 발달하는 시간인데 그때의 밤은 내일 무엇을 할까 하는 정신적 고민을

하는 시간으로 현실적이고 실리적인 학문이나 발명품을 많이 만들었다. 여름의 丑시에 태어나 水와 火를 기본으로 얻었으니 음양의 조화를 이뤄 성품이 온화하고 유순하다. 그리고 辰土가 있어 뜻을 내면으로 품게 되고 조용히 큰일을 진행한다. 辰土는 巳火를 만나 사회적인 큰 가치를 만들어내게 되고 巳에서 庚金을 장생하여 金이 왕성해지는 세운에 반드시 그동안의 실적과 업적을 보았을 것이다. 훈민정음도 1446년 9월 29일에 발표된 것으로 보아 아마도 申월이나 酉월에 완성된 것이라 예상해 볼 수 있다. 사주 상 대운은 庚子대운이었다. 子와 丑이 합하고 子와 辰이 합하는데 辰이 다시 巳를 합한다. 그러므로 이때 모든 오행이 잘 소통되고 있는 시기라 말할 수 있다. 또 집현전은 세종 2년 壬寅대운 寅丑이 서로 암합(暗合)하여 왕이 되자마자 바로 집현전을 개설하였던 것으로 보인다.

세종대왕 사주가 좋은 이유는 운에서 木운이 와도 원만히 소화할 수 있고, 水운이 와도 큰 문제 없이 넘어갈 것이나 54세 己亥대운이 오행의 소통을 방해하고 일간을 원진하여 붕어(崩御)하셨다. 세종대왕은 살아생전에 학자들을 잘 대우해주었는데 그것은 천간에 인성적인 모습이 없고서는 일어날 수 없는 일이다. 또한, 庚子시가 되면 학자를 통해 자신의 록을 세우는 것에 여념이 없지만 辛丑시는 丑이 辛을 土生金하여 살리는 것이니 받들고 대우해주었다고 해석할 수 있다.

이렇게 임금이나 대통령도 사주가 좋아야 좋은 업적을 남기는 법이다. 또한, 학문을 사랑하는 왕들은 동서고금을 막론하고 모두 성군이 되었다. 청나

라의 강희황제나 건륭황제가 그랬고 조선은 세종대왕과 정조대왕이 그러했다. 이 시기는 조선 초기 국가 재건의 시대로서 국운이 상승하는 시기와 맞물려 세종과 같은 성군이 나와 나라의 기틀을 확립하고 민생안정을 이루어낸 것이니 팔자도 시대와 맞물려 돌아가고 있음을 알 수 있다.

‖ 예제 78 ‖

癸	癸	壬	壬	
亥	卯	子	寅	乾 54세

52	42	32	22
戊	丁	丙	乙
午	巳	辰	卯

위 사주는 子월의 亥시에 태어났다. 춥고 어두운 한랭한 시절에 木이 드러나 있으니 어둠에서 태어난 창조물이므로 글 쓰는 팔자이다. 팔자 원국에 火를 보지 못했으니 火를 보면 문명으로 나갈 것이고 그렇지 않으면 초야에 묻힌 시인이 될 것이다. 사주에 寅木이 있어 문명으로 나가려고 준비하고 있으며 火대운을 만나면서 세속적인 사회에 나가 자신의 재능을 쓰고 살아간다. 丙辰대운 천간에 火를 드리우니 유명과 지상 최대의 인기 직종을 찾아 진출한다. 록이 강한 사주지만 寅 중에 戊土가 있어 권력성 직종인 언론사와

인연하였다. 寅木은 궐음풍목인 亥水와 소통하여 돌아다니게 되고 또 火는
육친으로 재성이 되어 경제 관련 분야에서 기자로 활동하였다. 巳午未대운
모두 지속해서 불꽃을 밝히니 현재까지 활동하고 있으며 관이 손상당하는
내년 丙申년에 퇴직과 같은 직업의 변동이 있으나 지속적인 사회활동은 프
리랜서로 이어져 나간다고 본다. 또한, 운에서 내년부터 金운을 만나게 되니
경제적인 여건은 더욱 좋아진다고 보아야 한다. 현재 자신의 저서도 발간하
였고 퇴직 이후에도 작가와 강연 활동을 통해 계속된 사회 활동을 이어나가
고 경쟁적인 면에서도 水가 훼손당하지 않으니 火가 혁희지기가 되지 않아
운세가 좋다고 볼 수 있다.

‖ 예제 79 ‖

丁	丙	壬	乙	
酉	申	午	巳	乾 51세

72	62	52	42	32	22	12	2
甲	乙	丙	丁	戊	己	庚	辛
戌	亥	子	丑	寅	卯	辰	巳

　　午월의 酉시에 태어난 사주다. 사주가 金과 火로만 구성되어 있다. 水
木이 없고 金火만 있다는 것은 겨울에 준비하고 봄에 밭 갈고 씨를 뿌리고,

김매는 행위를 하지 않고 큰 결실을 얻겠다는 의미다. 이런 사주는 투기적인 성향을 많이 갖게 된다. 어려서 운세를 보면 양기가 강한 운으로 흐르기 때문에 공부하기 어렵다. 그래서 이 사주는 고등학교를 졸업하고 대기업에 취업하였다. 지지에 식상이 많으니 몸을 쓰는 제조 및 건설계통과 인연이 있다. 그러나 己卯대운의 卯와 원국의 申을 원진하여 쓰는 것이니 다니기 싫은 직장을 억지로 다닌 것이라 볼 수 있다. 원래 사주 원국의 록이 강하기 때문에 직장의 틀 속에서 살아가지 못하고 독립적인 일을 하며 살아야 하기 때문이다. 이후 3년 후 퇴직하여 숙부가 운영하는 건설회사에서 부장으로 근무하였다. 이후 퇴직하여 2002년부터 안경을 배워 2011년까지 안경원을 하였다. 2010년은 庚寅년인데 庚寅년은 木이 와서 사주 원국의 火를 생하니 새로운 일을 찾게 되는 것이다. 또한, 당시 나이 46세에 丁丑대운이므로 2012년 壬辰년에 지지의 辰중 乙木인성을 보고 년간의 乙木을 생하였고 水대운을 만나니 커피숍을 하게 되었다. 水대운에 火세운을 만나니 커피숍은 운영되지만, 水와 火가 만나 지속적인 木의 창조가 생겨나 한 가지 일에 집중하지 못하게 되면서 커피숍 운영도 집중하지 못하는 바람에 실질적으로 큰 수익을 올렸다고 볼 수 없다. 이런 사주는 金대운을 만나야 木의 발동이 사라져 비로소 한 가지 일에 집중하게 되면서 안정하고 재물도 모을 수 있다. 또한, 지속적인 木기 발동은 이성 교제의 마음을 만들어내어 여자를 찾게 된다. 위에서 설명한 木기의 발동은 水와 火가 만나 생기는 자연스러운 현상을 말하는 것이다. 반드시 木이 와야지만 木이 생기는 것이 아니라 자연의 현상으로 보면 건조하게 메마른 사주에 水운을 만나니 대지에 새싹이 열리는 이치이므로 木기가 발동한다고 보는 것이다.

1) 사건적 시점 판단법

사건적 시점 판단은 사주명리 해석에서도 가장 어려운 공부에 해당한다. 그 이유는 사주마다 사건이 일어나는 시기나 시점이 모두 달라서 한마디로 정의하기 매우 난해한 점이 있다. 이 부분을 관통하면 이제 도사의 단계에 접어들게 되는 것이라 말할 수 있다. 앞서 명리 해석의 도구를 설명한 내용만으로도 머리가 지끈거릴 정도로 골치 아픈 일이다. 거기에 사건적인 정확한 시점을 짚어낸다는 것은 자연의 법칙(음양오행)을 완전히 깨우친 연후에 가능하게 될 것이다. 그렇다 하더라도 기본적인 요령에 관해서 설명해 드릴 것이니 독자 여러분들께서는 이를 숙지하여 명리학을 완전히 섭렵한 명학득도(命學得道)의 경지에 이르시길 바란다.

개념적으로 설명하면 다음과 같다. 가령 어떤 사람이 승진하겠는가 물으면 그 사람의 사주에 승진으로 얻고자 하는 크기의 감투나 명예가 있는지 먼저 살펴보아야 한다. 그것은 사주의 격과 그릇에서 설명한 특성을 살펴 그 사람의 관록의 크기를 정해야 하고 부합되지 않을 때는 어떤 운이 와도 안 된다고 판단하여야 할 것이다.

만약 사주에 그만한 승진의 운을 얻을 수 있는 그릇이 된다면 대운을 살펴봐야 한다. 대운에서 그 명예의 특성을 이룰 수 있는 요인이 그 대운 중에 있나 없나를 봐야 한다. 소소한 승진 자리를 얻어 갈 수 있는 대운인지 아니면 큰 감투를 얻어 갈 수 있는 대운인지를 먼저 살피고 그 시점을 봐야 하는데 그것은 팔자 내에서 감투의 별인 관성과 인성의 성취를 방해하고 있는 요소가 무엇인지를 판단해야 한다. 위 몇 가지 큰 대세적 판단과 미시적 판단 중 어느 하나라도 틀리면 판단은 이미 틀린 것이니 기초와 그릇 보는 법, 그리고 대운, 세운까지 보는 법에 대해서 달통해야 한다. 그래서 거기까지 잘 판단하였다고 한다면 글자가 서로 유통하지 않았을 때 유통되는 글자가 오는 시기에 이루어지는데 그 글자의 기운이 나에게 도움이 되는 기운의 특성으로 바뀌어 도움이 되는 시기가 승진되는 때이다. 다른 예로 만약 특정 글자를 얻지 못하고 있다면 특정 글자를 얻을 때 이루어지는데 세운에서 와서 이루어진 글자가 월운에서 변동하는 주기에 따라가다 세운의 글자의 성질이 나를 돕는 방향으로 선회하는 월에 이루어진다. 주변에서 극하거나 원진하거나 하는 방해하는 요소가 있을 때는 그 방해하는 요인의 글자를 모두 무력화시킬 때 이루어진다. 이 모든 이치나 원리는 모두 자연의 이치에 부합하여 생각하고 깨달아야 한다. 간단한 木火土金水의 순환에서 출발하여 각 글자가 서로의 네트워킹을 하는 과정에서 무엇이 열리고, 무엇이 막히는지를 가늠해 내야 한다. 또한, 그러한 요소를 더욱 정밀하게 알아가기 위해서는 24절기의 특징을 깨우쳐야 한다. 경칩에 개구리가 깨어나 활동하는 현상이라든지, 청명이 되면 벚꽃이 피는 현상이라든지, 곡우 때 농사를 시작하는 원리 같은 자연의 현상과 행위, 동작들 속에 음양오행의 이치가 담겨있고 그런

자연의 원리가 담겨있는 글자들의 조합을 이해하고 깨달아가면 깊은 통찰로

얻게 되리라 생각한다.

사람의 운명은 가장 먼저 조상의 인연에서부터 시작된다. 그 인연의 힌트는 흔히 알고 있는 태몽에서 시작된다. 태몽은 그 태아의 인생을 압축된 한 장의 이미지로 보여주게 되는 것이며 그것에 따라 그 사람의 큰 틀 속에서의 인생의 길과 방향이 정해진 것이라 볼 수 있다. 그 태몽을 잘 분석해 보면 사주팔자도 이미 암시하고 있다. 저자의 태몽 이야기를 좀 해보겠다. 나 덕연의 태몽은 아버지가 대단히 큰 바다거북을 해변에서 잡으려고 등위에 올라탄 꿈이라 들었다. 어려서는 거북이란 의미를 장수 이외에 다른 의미로 전혀 이해하지 못하였지만, 지금에 와서 생각해보니 참 여러 가지 의미가 있음을 알게 되었다. 먼저 바다거북의 인생을 생각해 보라. 바다거북은 알을 낳기만 하지 새끼를 돌보는 일은 없다. 그렇게 태어난 바다거북은 홀로 모진 풍파를 겪으며 어른 거북이 될 때까지 누구의 도움도 없이 오직 스스로 힘으로만 살아남아야 한다. 덕연의 인생도 그러하였다. 어려서 양친 부모는 살아계셨으나 없는 것이나 다름없었고 가난과 가정불화로 인하여 초등학교와 중·고등학교 시절도 스스로 의식을 해결하며 살아야 했다. 내 인생의 첫 번째 시련이랄까 어린 나이에 감당할 수 없는 파도에 휘청거리며 탈선하고 방황하였다. 훗날 그로 인한 많은 정신적 고통을 겪게 될 것을 알지 못한 채 꽃다운 사춘기 어린 시절이 다시 돌아보고 싶지도, 돌아가기도 싫은 인생의 한 페이지가 되어버렸다. 이것이 어린 바다거북이 겪어야 하는 첫 번째 시련이었다.

거북은 사신수(四神獸)에서 해당하여 현무(玄武), 북방 水를 말한다. 그러므로 거북은 음지의 학문을 하는 사람이고 신성한 동물로 여겨 도인을 말하기도 한다. 한마디로 도를 닦을 팔자라고 할 수 있다. 사신수는 범, 용, 봉황, 거북을 말하는데 이는 각각의 방위를 의미하기도 하지만 집단의 우두머리를 상징하기도 한다. 또한, 거북이는 하도 낙서에 나오는 후천시대를 상징하기도 하니 새로운 시대를 열어 가야 할 삶의 과제를 갖고 태어난 것이며 생의 전반기는 세상과 타협하지도 보호받지도 못한 채 고난과 고통을 이미 암시하고 있었다.

19세 가을에 천신만고 끝에 고등학교 과정을 모두 마치고 도망치듯 서울로 상경하였다. 집이란 곳을 탈출하면 무조건 좋을 줄 알았다. 가난이 지긋지긋하여 성공하려고 열심히 일하였고 사람이 뭐든지 열심히만 하면 못할 것이 없다는 생각으로 자신 있게 삶의 바닥에서 열심히 살았다. 그러나 세상은 고등학교를 막 졸업한 무식하고 의욕 넘치는 청년을 인정해주지 않았다. 억울했다. 열심히 하는 만큼 보상받지 못하는 신세가 슬펐다. 20세부터 심한 우울증과 공황장애가 찾아와 고통받아야만 했다. 그 병은 거의 35세가 될 무렵까지 날 괴롭혔고 이후 부처님 법을 공부하면서 마음이란 걸 알아가면서 서서히 치유될 수 있었지만 힘든 고통의 과정으로 기억된다.

지금 생각해 보니 큰 거북이로 태어났다는 것은 도인의 팔자인데 절대로 세속에서 출세할 수 없고, 거북이 새끼가 모래사장을 걸어나갈 때가 첫 번째 인생의 고난이었던 것이고, 그다음 바다에 겨우 다다랐지만 홀로 험난한 세상을 헤쳐나가야 하는 것이 어린 거북의 두 번째 고난이다. 도를 닦으며 음지의 길을 가야 할 운명이 마음에 개인을 위한 경제적 욕망이 있다면 반드시 파탄을 겪어야 한다. 그래야만 자신의 인생을 돌아보고 욕망을 향한 집착 또한 사라져 아래를 내려다볼 수 있으므로 이는 필요 불가결한 운명의 과정일 것이다. 하늘은 그것을 말로 이래라저래라 하지 않는다. 그냥 삶에서 스스로 깨달을 수 있도록 가르친다. 과거 난 가난한 것이 지긋지긋했고 젊어서 일찍 사업을 시작하였다. 사업가로서 크게 성공하고 싶었다. 하지만 25세부터 시작된 사업은 점점 빚더미에 오르게 하였고 29세에 신용불량자 신세가 되었다. 내 삶의 두 번째 고난은 경제적 고난이었다. 30세에서 35세까지 지독한 경제적 어려움에 허덕이며 살았다. 경제적 파탄으로 혹독한 인생 공부를 하게 되었고 덕분에 이제 돈만을 쫓으며 살아가는 인생에서 벗어났으며 그것이 얼마나 어리석은 것인지도 이젠 깨달았다.

세 번째 고난은 건강으로 찾아왔다. 30대 중반부터 좋지 못했던 건강은 계속되는 음주와 무절제한 생활로 피폐해지고 더는 움직이고 활동할 수 없는 지경까지 이르렀다. 경제적 어려움을 겪던 시절 무절제한 생활이 30대 후

반의 건강 악화로 이어졌다. 2010년부터 사무실을 찾아오는 손님을 겨우 상담해주고 그 시간이 끝나면 사무실 소파에 누워서 아픔을 참아야 했다. 돌아다닐 수도 없고 맘 놓고 행동할 수도 없었다. 그렇게 건강을 잃어버린 나는 괜히 허약한 육체를 물려준 부모님이 원망스러웠다. 어린 시절 너무나도 많은 시련을 남겨주고 허약한 건강을 물려준 부모가 그땐 그리도 원망스러웠다. 그렇게 겨우 상담하고 손님이 가면 다시 눕고 하는 생활이 반복되었다. 그러던 어느 날 여느 때처럼 사무실 소파에 누워 천장을 보고 멍한 상념에 빠졌는데 문득 가슴에서 오는 울림을 느낄 수 있었다. 마치 하늘이 주는 메시지 같았다. '바보야 네가 그렇게 아프지 않았으면 지금 이만큼 알았겠니?'하는 메시지다. 그렇다. 나는 그때쯤(2010년) 해서 많은 깨달음이 일어나고 있었다. 그러면서 세속적 욕심도 점점 사라지고 용쓰며 살았던 어리석음도 깨달으면서 점점 정신적으로 성숙해져 가고 있었다. 그러면서 그동안 공부해왔던 명리에 대한 무한 깨달음이 일어났던 시기도 그때쯤부터였다. 아픔을 통해 참 많은 것을 알게 된 것이었다. 그러나 많이 깨닫긴 했는데 여전히 건강은 좀처럼 회복되지 않았다.

2011년 봄날 너무 아파 사무실 문을 닫고 전남 장성에 잠시 휴양 목적으로 갔던 때가 있었다. 일정이 끝나고 대전 사무실로 오려는데 한 여자 분에게 상담할 수 있느냐고 연락이 왔다. 어쩐지 상담을 해주고 싶어서 오후에 상담시간을 잡고 대전으로 올라갔다. 도착해서 만나보니 미혼 여성분이었고 상담이 끝난 후 아는 지인이 찾아와 셋이서 식사를 하자고 제안해 함께 저녁 식사까지 하였다. 그렇게 그 여자 분과 인연이 되었고 다음 해 2월 우리는 결혼했다. 그 여인은 아픈 내가 너무 불쌍해서 결혼을 해줬다고 한다. 그래서 지금의 내 아내가 되었다. 신혼여행 때 내가 너무 아파 중간에 병원을 두 번이나 들렀던 에피소드도 아련히 기억난다. 2014년부터 병이 회복된다는 것을 나는 알고 있었지만, 그 세월이 너무나도 멀게 느껴지고 힘들었다. 그래서 올해 乙未년 들어 이제 겨우 건강이 회복되어 이 글을 쓰고 있다. 너무나도 행복하다. 아프지 않다는 것, 가고 싶은 곳에 운전해서 갈 수 있다는 것이 얼마나 큰 행복인지 모른다. 그래서 이제 작은 것에 만족하고 행복할 수 있는 것이 무엇인지를 알았다.

그러나 시련은 여기서 끝나지 않았다. 결혼 후 1년 만에 아내의 암 선고는 매우 충격적이었다. 현재도 암 투병 중이다. 나에게 또 다른 불행이… 아니 공부가 찾아왔다. 생과 사의 갈림길에 대한 공부다. 또한, 사랑하는 사람이 아픈 것이 무엇인지에 대한 공부다. 내가 아플 땐 몸이 아프지만, 아내가 아프니 마음이 아프다. 몰래 눈물도 여러 번 훔쳤다. 어디까지가 시련의 끝인지? 아니 인생 공부의 끝인지 알 수 없다. 물론 이 시간 또한, 지나갈 것이다. 그렇게 한 마리의 성숙한 큰 거북으로 성장하기 위해 넓은 바다에서의 시련은 계속될 것이다. 그런 거북은 그래서 등이 딱딱해진다. 거북이의 등딱지는 그렇게 삶의 굴곡을 이겨낸 굳은살과 같은 것이며 낙서(洛書)의 거북과 같은 지혜를 만들어낸 것이다.

하늘은 그 사람이 감당할 수 있을 만큼 시련을 준다고 한다. 고통과 절망,

시련은 사람에게 없어서는 안 될 훌륭한 인생의 스승이다. 이번엔 정말 큰 스승님을 만나 공부하고 있으니 이 얼마나 큰 하늘의 축복이 아닐 수 있겠는가? 이제 모든 것을 받아들이고 저항하지 않고 삶의 지혜로 삼는다면 더는 삶의 불행은 있을 수 없을 것을 알기에 오늘도 이 글을 쓰며 하늘에 말한다. "절 어쩌시려는 겁니까? 당신 맘대로 하십시오. 이제까지 그랬던 것처럼 그냥 따르겠나이다."

난 아직 성숙한 거북이 되지 않았나 보다. 어느 날 큰 거북이 되어 유유자적 바다를 헤엄치며 살아가는 그 날을 기대하며 다가올 또 다른 깨달음에 설레어 본다.

음양오행은 만법의 조화를 담고 있는 것이므로 음양오행 하나만 깨우치면 만사(천문, 지리, 인사)를 모두 깨우쳤다고 말할 수 있을 만큼 방대하면서도 오묘한 진리가 숨어 있다. 명리학은 그중 인사(人事)에 관한 학문이며 인사를 깨우치기 위해서는 당연히 천문(天文)과 지리(地理)도 알아야 인간사를 더욱 깊이 이해할 수 있으리라 생각된다. 많은 분이 『지천명리 〈격과 그릇편〉』이후 다음 편을 기다리셨지만, 필자의 개인적 사정으로 글을 쓰다 멈추기를 반복하게 되어 시간이 많이 지체되었고 다행히 올해 하늘이 허락하여 『지천명리 〈행운법〉』의 졸작을 겨우 완성할 수 있게 되었다.

풍수 고전에 이런 말이 있다. '천하지명당(天下之明堂)은 삼대적덕을 쌓은 자만이 가질 수 있다'라는 말이 있다. 이는 많은 복을 나눠주는 사람에게 하늘이 큰 상을 내리는 것이라 말할 수 있겠다. 명리학도 마찬가지다. 명리를 통하기 위해서는 마음을 비우지 않고서는 절대로 신통한 경지에 이를 수 없는 것이다. 마음을 비운다는 것은 사리사욕을 버리고 오롯이 순수한 학문으로만 접근하는 것이고, 그렇게 터득해온 지식과 깨달음을 범자(凡者)에게 나눠줘 그들 또한 현명히 살 수 있도록 도와주어야만 하늘에서 신통력을 부여해 줄 것으로 생각한다. 또한 목(仁), 화(禮), 토(信), 금(義), 수(智)의 인의예지신을 얻지 못한다면 타인의 인생을 객관적으로 바라볼 수 없고 올바른 상담 또한 힘들 수 있다. 손님이 재물창고를 채워주는 대상이 아닌 마음에 아픔과 고통을 앓고 있는 환자를 대하는 마음으로 감정해준다면 그들에게 희망과 기쁨을 내어주는 자가 될 수도 있고 나아가 자신의 깨달음도 얻게 해줄 수 있다. 상담을 하면서 절대로 사람의 감정을 해치고 상하게 하는 상담은 하여서는 안 된다. 때론 그를 살리기 위해 그들이 원치 않은 답을 해야할 때도 있고 호통을 쳐야 할 때도 있겠지만, 그것 또한 오롯이 그를 사랑하는 마음에서 행해져야 한다. 그렇게 하여 혹 재물의 창고가 차면 그것을 다시 궁휼한 자를 위해 쓰고 행해졌을 때 학문의 도는 높아지고 삶은 선순환으로 이어질 것이다. 또, 나보다 학문이 부족하여 배움을 얻고자 하는 이에게 인색하게 굴지 말아야 한다. 소탈하게 그가 원하고 필요한 만큼 잘 타협하여 채워주어야 보람도 생기고 존경도 생기게 되는 법이다. 인색하면 주고도 욕먹고 노력하고도 타인의 섭섭함을 사게 되는 것이니 내가 손해 보는 듯하게 베풀면 반드시 그대들에게 존경과 신망을 받게 될 것이다. 물론 꼭 존경과 신망을 받고자 그렇게 하여야 한다는 뜻은 아니다. 그것은 삶의 보너스 정도로 생각하면 될 것이고 궁극적으로 나 자신의 자아 만족이 가장 큰 선물이라 할 수 있을 것이다.

이 책의 에필로그에 이러한 글을 쓰는 것은 비워야 채워진다는 어느 고승의 말씀에 이를 행하여 그 말씀을 조금 이해하였기에 다시 독자 여러분께 전달해 드리고 싶어서다. 깊은 통찰력은 욕심 없는 마음에서 나오게 되는 것이니 욕심을 버리지 못한 술사는 절대로… 절대로… 음양오행의 오묘한 깊은 이치까지는 깨치지 못할 것이다. 그러나 고승의 말씀을 잘 따라가는 분들께서는 반드시… 반드시… 대도의 열쇠고리를 손에 쥘 것이라 나 덕연은 장담한다. 이 책을 열심히 읽으신 모든 독자 여러분과 학도들이 부디 성자(聖者)가 되시길 기원한다.

:: 양해의 말씀 ::

필자는 행운법에서 대운과 세운 보는 법에 관해서만 설명하였다. 마음은 더욱 자세하고 깊은 내용을 다루고 싶었지만, 대운, 세운의 개념 정립 자체도 복잡하고 어려운 영역이기 때문에 여러 차례 반복하시면서 대운과 세운을 분석하는 이론을 잘 정립하였으면 한다. 기회가 된다면 다음 편을 통해서 더욱더 깊고 세밀한 분석을 하는 법에 관해 설명해 드리겠고 또한 필자의 개인적인 건강과 집안 사정으로 현재 더욱 글을 써 나가기가 어려운 점도 짧게 글을 마무리 지을 수밖에 없었던 이유 중 하나이기 때문에 독자 여러분께 진심 어린 사과를 드리고 넓은 양해를 구하겠다. 훗날 필자는 수신제가(修身齊家)를 마친 후에 더 좋은 내용으로 독자 여러분을 다시 찾아뵐 생각이다. 그동안 『지천명리 〈행운법〉』을 기다려 주시고 또 열심히 읽어주신 여러분께 감사드리며 이상 독자 여러분의 명리 공부에 미력하게나마 도움이 되었기를 기원하며 글을 마친다.

乙未年 淸明節 德緣 拜上

음양오행 사주 비결서

지천명리 <행운법>

초판 발행 2015년 8월 5일
2쇄 인쇄 2016년 9월 10일

저자   덕연
발행인   덕연
발행처   도서출판 지천명(등록 제2013-27)

주소   서울시 관악구 은천동 925-31 3층
전화   02-875-2444
웹사이트 www.sajuacademy.com

정가 27,000원

ISBN 979-11-951347-6-2
ISBN 979-11-951347-2-4 (세트)